Grundschule

Michael Junga

# Sinnerfassend lesen & rechnen

| | | | |
|---|---|---|---|
| A | 2 mehr als das 9-fache von 3 | 29 | 29 |
| B | 1 weniger als das 5-fache von 7 | | 34 |
| C | 2 mehr als das 8-fache von 5 | | 42 |
| D | 1 weniger als das 7-fache von 4 | | 27 |
| E | 2 mehr als das 4-fache von 8 | | 34 |
| F | 1 weniger als das 7-fache von 6 | | 41 |
| G | 2 mehr als das 8-fache von 3 | | |
| H | 1 weniger als das 3-fache von 7 | | |

- Mathematische Textbausteine richtig lesen und umsetzen!
- Multiplikation im kleinen 1x1

www.kohlverlag.de

# Sinnerfassend lesen & rechnen

## Multiplikation im kleinen 1x1

1. Auflage 2024



Inhalt: Michael Junga
Umschlagbild: © Kohl-Verlag
Redaktion: Kohl-Verlag
Grafik & Satz: Kohl-Verlag
Druck: Druckhaus Flock, Köln

**Bestell-Nr. 13 140**

**ISBN: 978-3-98841-202-7**

**Bildquellen © AdobeStock.com:**
S. 2: © Africa Studio; S. 3-75: © lukpedclub; S. 4-75: © Colorfuel Studio;



## Unsere Lizenzmodelle

### Der vorliegende Band ist eine Print-Einzellizenz

Sie wollen unsere Kopiervorlagen auch digital nutzen? Kein Problem – fast das gesamte KOHL-Sortiment ist auch sofort als PDF-Download erhältlich! Wir haben verschiedene Lizenzmodelle zur Auswahl:

| | Print-Version | PDF-Einzellizenz | PDF-Schullizenz | Kombipaket Print & PDF-Einzellizenz | Kombipaket Print & PDF-Schullizenz |
|---|---|---|---|---|---|
| Unbefristete Nutzung der Materialien | x | x | x | x | x |
| Vervielfältigung, Weitergabe und Einsatz der Materialien im eigenen Unterricht | x | x | x | x | x |
| Nutzung der Materialien durch alle Lehrkräfte des Kollegiums an der lizenzierten Schule | | | x | | x |
| Einstellen des Materials im Intranet oder Schulserver der Institution | | | x | | x |

Die erweiterten Lizenzmodelle zu diesem Titel sind jederzeit im Online-Shop unter www.kohlverlag.de erhältlich.

# Inhaltsverzeichnis und Einleitung



## Zielgruppen

Kinder aller Schulstufen, die mathematische Textimpulse noch nicht ausreichend erfassen und zuordnen können.

## Aufgabe

Die Kinder sollen jeweils einen Textimpuls erlesen, ihn im Kopf in die mathematische Symbolsprache übersetzen und zur Lösung der Aufgabe gelangen.

## Nutzen

Die Kinder stärken ihre Kompetenz, den gemeinten Sinn einer mathematischen Textinformation zu ermitteln und zuzuordnen.

## Die integrierte Selbstkontrolle

Die 72 Übungsvorlagen haben alle die gleiche integrierte Selbstkontrolle. Sie besteht aus einem Kontrollstreifen am rechten Rand des Blattes. Der Kontrollstreifen wird vor der Bearbeitung nach hinten geknickt.
Hat das Kind alle 12 Aufgaben bearbeitet und die zugehörigen Lösungszahlen in die entsprechenden Kästchen eingetragen, wird der Kontrollstreifen wieder nach vorne geknickt. Jetzt gleicht das Kind seine eigenen mit den richtigen Lösungen ab (richtige Lösung = Haken dran!). Das macht allen Kindern viel Spaß und fördert deren Selbständigkeit und Selbstvertrauen.

## Materialumfang

- 1 Informationsseite
- 72 Kopiervorlagen mit Aufgaben in verschiedenen Niveaustufen

⊙ Aufgaben
G-Niveau

! Aufgaben
M-Niveau

★ Aufgaben
E-Niveau

## Über so eine Rückmeldung freut sich jedes Kind!

Dein Name: ______________________

## Einfache Aufgaben zum 1 x 1 der 2

Schreibe die Lösungszahl in das freie Feld neben der Aufgabe!

Diesen Kontrollabschnitt vor dem Bearbeiten des Blattes nach hinten knicken oder abschneiden.

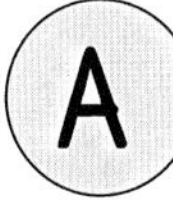

das 4-fache von 2

das 10-fache von 2
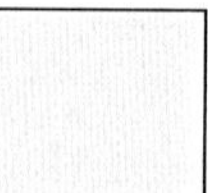

das 7-fache von 2

das 1-fache von 2
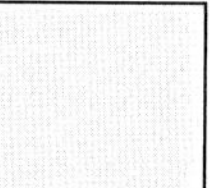
2

das 8-fache von 2

16

das 6-fache von 2

12

das 2-fache von 2
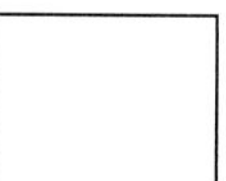

das 9-fache von 2
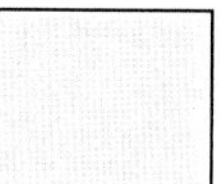

das 3-fache von 2

das 5-fache von 2

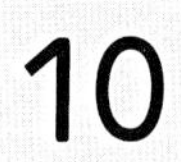

das 0-fache von 2
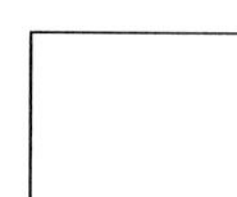

das 11-fache von 2
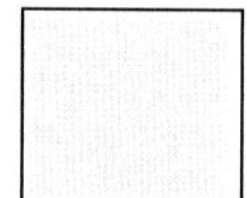

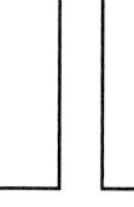

Dein Name: ______________________________

## Einfache Aufgaben zum 1 x 1 der 2

Schreibe die Lösungszahl in das freie Feld neben der Aufgabe!

Diesen Kontrollabschnitt vor dem Bearbeiten des Blattes nach hinten knicken oder abschneiden.

| | Aufgabe | Lösung | Kontrolle |
|---|---|---|---|
|  A | das 3-fache von 2 |  6 |  6 |
|  B | das 6-fache von 2 |  |  12 |
| C | das 0-fache von 2 |  |  0 |
| D | das 10-fache von 2 | 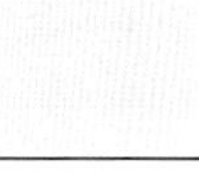 | 20 |
| E | das 4-fache von 2 |  | 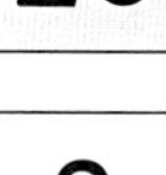 8 |
| F | das 7-fache von 2 |  |  14 |
|  G | das 1-fache von 2 |  |  2 |
|  H | das 8-fache von 2 |  |  16 |
| 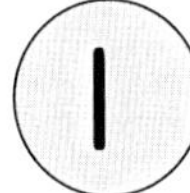 I | das 5-fache von 2 |  |  10 |
|  J | das 2-fache von 2 | 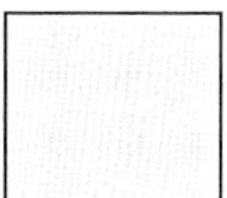 | 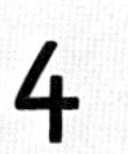 4 |
|  K | das 9-fache von 2 | 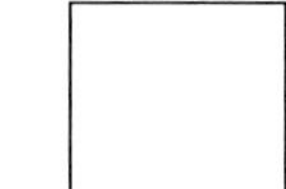 | 18 |
|  L | das 11-fache von 2 | 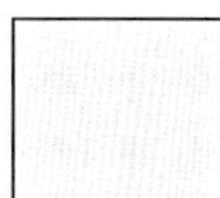 | 22 |

   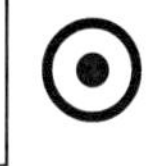

KOHL VERLAG Sinnerfassend lesen & rechnen Multiplikation im kleinen 1 x 1 – Bestell-Nr. 13 140

Dein Name: ______________________________

# Einfache Aufgaben zum 1 x 1 der 3

Schreibe die Lösungszahl in das freie Feld neben der Aufgabe!

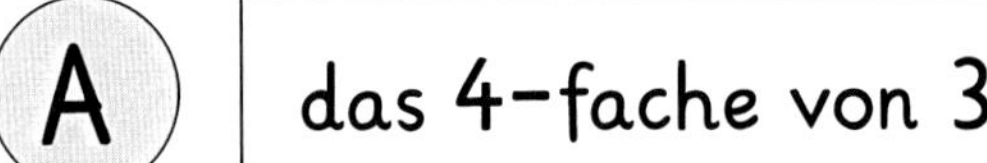

| | Aufgabe | Lösung | Kontrolle |
|---|---|---|---|
| A | das 4-fache von 3 | 12 | 12 |
| B | das 10-fache von 3 | | 30 |
| C | das 7-fache von 3 | | 21 |
| D | das 1-fache von 3 | | 3 |
| E | das 8-fache von 3 | | 24 |
| F | das 6-fache von 3 | | 18 |
| G | das 2-fache von 3 | | 6 |
| H | das 9-fache von 3 | | 27 |
| I | das 3-fache von 3 | | 9 |
| J | das 5-fache von 3 | | 15 |
| K | das 0-fache von 3 | | 0 |
| L | das 11-fache von 3 | | 33 |

Diesen Kontrollabschnitt vor dem Bearbeiten des Blattes nach hinten knicken oder abschneiden.

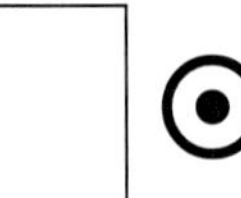

KOHL VERLAG
Sinnerfassend lesen & rechnen
Multiplikation im kleinen 1 x 1 – Bestell-Nr. 13 140

Dein Name: ______________________________

## Einfache Aufgaben zum 1 x 1 der 3

Schreibe die Lösungszahl in das freie Feld neben der Aufgabe!

Diesen Kontrollabschnitt vor dem Bearbeiten des Blattes nach hinten knicken oder abschneiden.

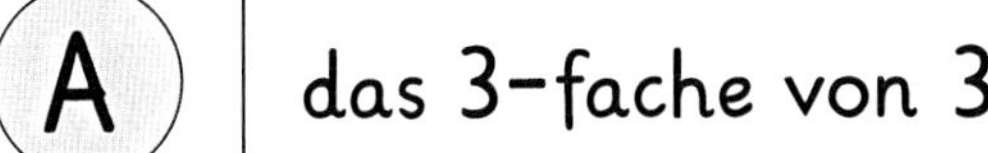

| | Aufgabe | Lösung | Kontrolle |
|---|---|---|---|
| A | das 3-fache von 3 |  | 9 |
| B | das 6-fache von 3 | 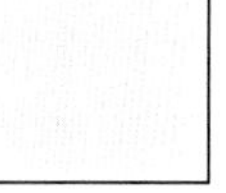 | 18 |
| C | das 0-fache von 3 |  | 0 |
| D | das 10-fache von 3 | 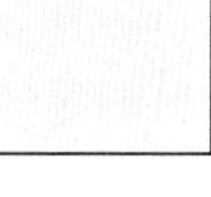 | 30 |
| E | das 4-fache von 3 | 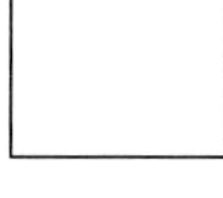 | 12 |
| F | das 7-fache von 3 |  | 21 |
| G | das 1-fache von 3 |  | 3 |
| H | das 8-fache von 3 | 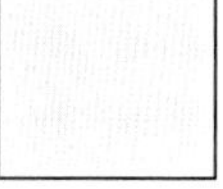 | 24 |
| I | das 5-fache von 3 |  | 15 |
| J | das 2-fache von 3 | 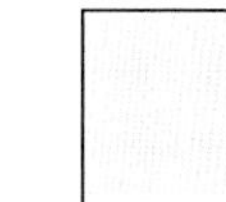 | 6 |
| K | das 9-fache von 3 |  | 27 |
| L | das 11-fache von 3 | 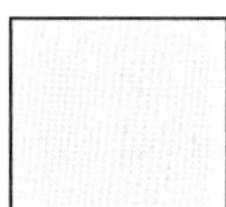 | 33 |

Dein Name: ____________________

## Einfache Aufgaben zum 1 x 1 der 4

Schreibe die Lösungszahl in das freie Feld neben der Aufgabe!

| | Aufgabe | Lösung | Kontrolle |
|---|---|---|---|
| A | das 4-fache von 4 | 16 | 16 |
| B | das 10-fache von 4 | | 40 |
| C | das 7-fache von 4 | | 28 |
| D | das 1-fache von 4 | | 4 |
| E | das 8-fache von 4 | | 32 |
| F | das 6-fache von 4 | | 24 |
| G | das 2-fache von 4 | | 8 |
| H | das 9-fache von 4 | | 36 |
| I | das 3-fache von 4 | | 12 |
| J | das 5-fache von 4 | | 20 |
| K | das 0-fache von 4 | | 0 |
| L | das 11-fache von 4 | 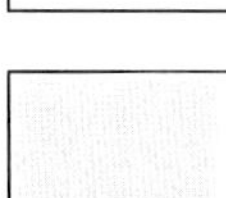  | 44 |

   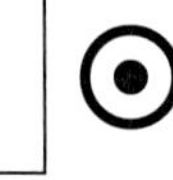

Diesen Kontrollabschnitt vor dem Bearbeiten des Blattes nach hinten knicken oder abschneiden.

Dein Name: ______________________________

## Einfache Aufgaben zum 1 x 1 der 4

Schreibe die Lösungszahl in das freie Feld neben der Aufgabe!

Diesen Kontrollabschnitt vor dem Bearbeiten des Blattes nach hinten knicken oder abschneiden.

| | Aufgabe | Lösung | Kontrolle |
|---|---|---|---|
| A | das 3-fache von 4 | 12 | 12 |
| B | das 6-fache von 4 | | 24 |
| C | das 0-fache von 4 | | 0 |
| D | das 10-fache von 4 | | 40 |
| E | das 4-fache von 4 | | 16 |
| F | das 7-fache von 4 | | 28 |
| G | das 1-fache von 4 | | 4 |
| H | das 8-fache von 4 | | 32 |
| I | das 5-fache von 4 | | 20 |
| J | das 2-fache von 4 | | 8 |
| K | das 9-fache von 4 | | 36 |
| L | das 11-fache von 4 | | 44 |

KOHL VERLAG
Sinnerfassend lesen & rechnen
Multiplikation im kleinen 1 x 1 – Bestell-Nr. 13 140

Dein Name:

# Einfache Aufgaben zum 1 x 1 der 5

Schreibe die Lösungszahl in das freie Feld neben der Aufgabe!

Diesen Kontrollabschnitt vor dem Bearbeiten des Blattes nach hinten knicken oder abschneiden.

| | Aufgabe | Lösung | Kontrolle |
|---|---|---|---|
| A | das 4-fache von 5 | 20 | 20 |
| B | das 10-fache von 5 | | 50 |
| C | das 7-fache von 5 | | 35 |
| D | das 1-fache von 5 | | 5 |
| E | das 8-fache von 5 | | 40 |
| F | das 6-fache von 5 | | 30 |
| G | das 2-fache von 5 | | 10 |
| H | das 9-fache von 5 | | 45 |
| I | das 3-fache von 5 | | 15 |
| J | das 5-fache von 5 | | 25 |
| K | das 0-fache von 5 | | 0 |
| L | das 11-fache von 5 | | 55 |

Dein Name: ______________________________

# Einfache Aufgaben zum 1 x 1 der 5

Schreibe die Lösungszahl in das freie Feld neben der Aufgabe!

| | Aufgabe | Lösung | Kontrolle |
|---|---|---|---|
| A 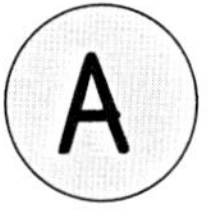 | das 3-fache von 5 | 15  | 15 |
| B  | das 6-fache von 5 | 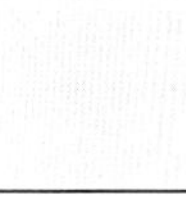 | 30 |
| C | das 0-fache von 5 |  | 0 |
| D | das 10-fache von 5 | 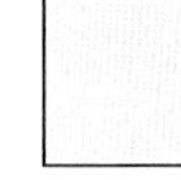 | 50 |
| E | das 4-fache von 5 |  | 20 |
| F | das 7-fache von 5 | 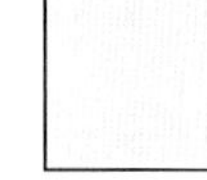 | 35 |
| G | das 1-fache von 5 |  | 5 |
| H | das 8-fache von 5 | 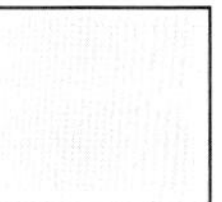 | 40 |
| I | das 5-fache von 5 |  | 25 |
| J  | das 2-fache von 5 | 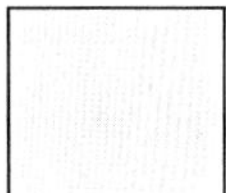 | 10 |
| K  | das 9-fache von 5 |  | 45 |
| L  | das 11-fache von 5 | 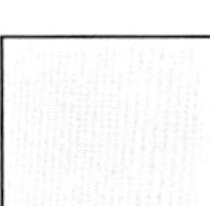 | 55 |

Diesen Kontrollabschnitt vor dem Bearbeiten des Blattes nach hinten knicken oder abschneiden.

Dein Name: ______________________________

# Einfache Aufgaben zum 1 x 1 der 6

Schreibe die Lösungszahl in das freie Feld neben der Aufgabe!

Diesen Kontrollabschnitt vor dem Bearbeiten des Blattes nach hinten knicken oder abschneiden.

| | Aufgabe | Lösung | Kontrolle |
|---|---|---|---|
| A | das 4-fache von 6 | 24 | 24 |
| B | das 10-fache von 6 | | 60 |
| C | das 7-fache von 6 | | 42 |
| D | das 1-fache von 6 | | 6 |
| E | das 8-fache von 6 | | 48 |
| F | das 6-fache von 6 | | 36 |
| G | das 2-fache von 6 | | 12 |
| H | das 9-fache von 6 | | 54 |
| I | das 3-fache von 6 | | 18 |
| J | das 5-fache von 6 | | 30 |
| K | das 0-fache von 6 | | 0 |
| L | das 11-fache von 6 | | 66 |

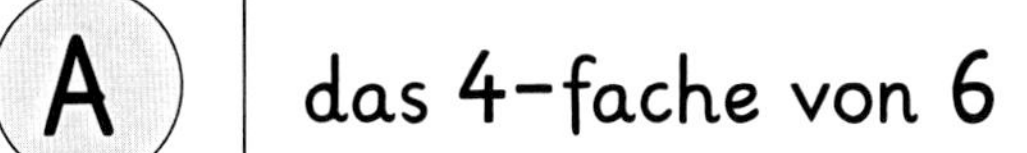

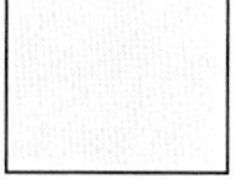

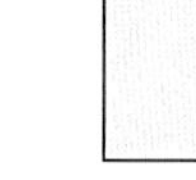
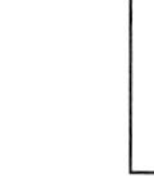

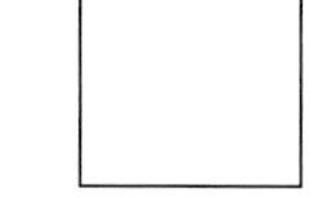
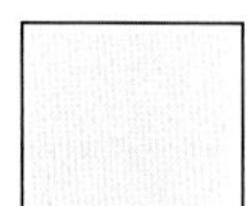

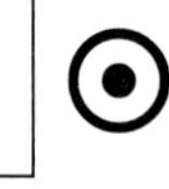

KOHL VERLAG – Sinnerfassend lesen & rechnen – Multiplikation im kleinen 1 x 1 – Bestell-Nr. 13 140

Dein Name: ______________________________

# Einfache Aufgaben zum 1 x 1 der 6

Schreibe die Lösungszahl in das freie Feld neben der Aufgabe!

Diesen Kontrollabschnitt vor dem Bearbeiten des Blattes nach hinten knicken oder abschneiden.

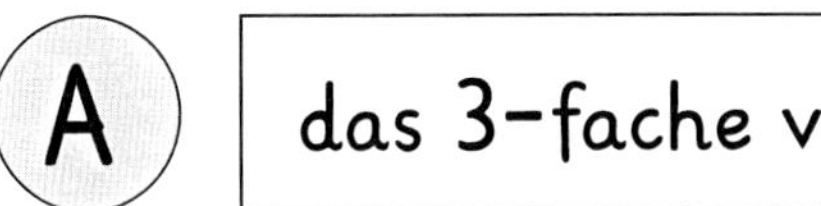

| | Aufgabe | Lösung | Kontrolle |
|---|---|---|---|
| A | das 3-fache von 6 | 18 | 18 |
| B | das 6-fache von 6 | | 36 |
| C | das 0-fache von 6 | | 0 |
| D | das 10-fache von 6 | | 60 |
| E | das 4-fache von 6 | | 24 |
| F | das 7-fache von 6 | | 42 |
| G | das 1-fache von 6 | | 6 |
| H | das 8-fache von 6 | | 48 |
| I | das 5-fache von 6 | | 30 |
| J | das 2-fache von 6 | | 12 |
| K | das 9-fache von 6 | | 54 |
| L | das 11-fache von 6 | | 66 |

Dein Name: ______________________________

## Einfache Aufgaben zum 1 x 1 der 7

Schreibe die Lösungszahl in das freie Feld neben der Aufgabe!

Diesen Kontrollabschnitt vor dem Bearbeiten des Blattes nach hinten knicken oder abschneiden.

| | Aufgabe | Lösung | Kontrolle |
|---|---|---|---|
| A | das 4-fache von 7 | 28 | 28 |
| B | das 10-fache von 7 | | 70 |
| C | das 7-fache von 7 | | 49 |
| D | das 1-fache von 7 | | 7 |
| E | das 8-fache von 7 | | 56 |
| F | das 6-fache von 7 | | 42 |
| G | das 2-fache von 7 | | 14 |
| H | das 9-fache von 7 | | 63 |
| I | das 3-fache von 7 | | 21 |
| J | das 5-fache von 7 | | 35 |
| K | das 0-fache von 7 | | 0 |
| L | das 11-fache von 7 | | 77 |

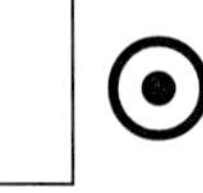

Dein Name: ______________________

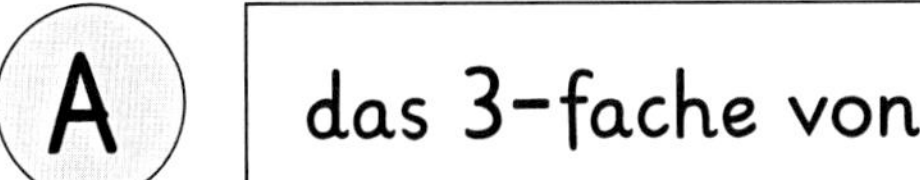

## Einfache Aufgaben zum 1 x 1 der 7

Schreibe die Lösungszahl in das freie Feld neben der Aufgabe!

Diesen Kontrollabschnitt vor dem Bearbeiten des Blattes nach hinten knicken oder abschneiden.

| | Aufgabe | Lösung | Kontrolle |
|---|---|---|---|
| A | das 3-fache von 7 | 21 | 21 |
| B | das 6-fache von 7 | | 42 |
| C | das 0-fache von 7 | | 0 |
| D | das 10-fache von 7 | | 70 |
| E | das 4-fache von 7 | | 28 |
| F | das 7-fache von 7 | | 49 |
| G | das 1-fache von 7 | | 7 |
| H | das 8-fache von 7 | | 56 |
| I | das 5-fache von 7 | | 35 |
| J | das 2-fache von 7 | | 14 |
| K | das 9-fache von 7 | | 63 |
| L | das 11-fache von 7 | | 77 |

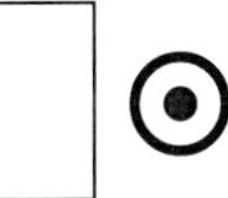

KOHL VERLAG
Sinnerfassend lesen & rechnen
Multiplikation im kleinen 1 x 1 – Bestell-Nr. 13 140

Dein Name: ____________________

## Einfache Aufgaben zum 1 x 1 der 8

Schreibe die Lösungszahl in das freie Feld neben der Aufgabe!

Diesen Kontrollabschnitt vor dem Bearbeiten des Blattes nach hinten knicken oder abschneiden.

| | Aufgabe | Lösung | Kontrolle |
|---|---|---|---|
| A | das 4-fache von 8 | 32 | 32 |
| B | das 10-fache von 8 | | 80 |
| C | das 7-fache von 8 | | 56 |
| D | das 1-fache von 8 | | 8 |
| E | das 8-fache von 8 | | 64 |
| F | das 6-fache von 8 | | 48 |
| G | das 2-fache von 8 | | 16 |
| H | das 9-fache von 8 | | 72 |
| I | das 3-fache von 8 | | 24 |
| J | das 5-fache von 8 | | 40 |
| K | das 0-fache von 8 | | 0 |
| L | das 11-fache von 8 | | 88 |

Sinnerfassend lesen & rechnen Multiplikation im kleinen 1 x 1 – Bestell-Nr. 13 140
KOHL VERLAG

Dein Name: ______________________________

# Einfache Aufgaben zum 1 x 1 der 8

Schreibe die Lösungszahl in das freie Feld neben der Aufgabe!

Diesen Kontrollabschnitt vor dem Bearbeiten des Blattes nach hinten knicken oder abschneiden.

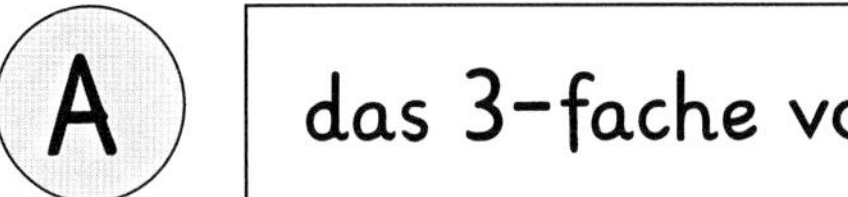

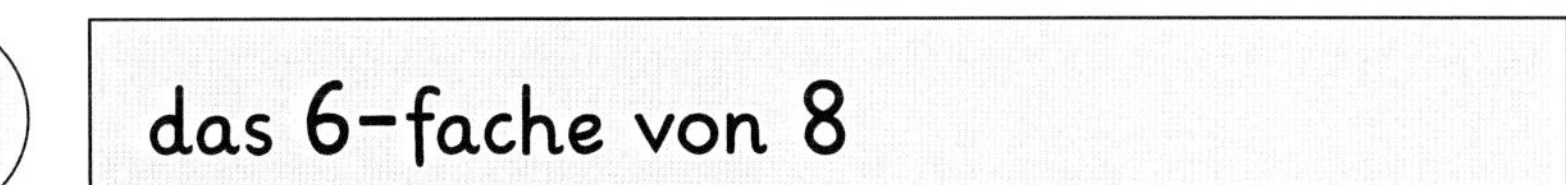
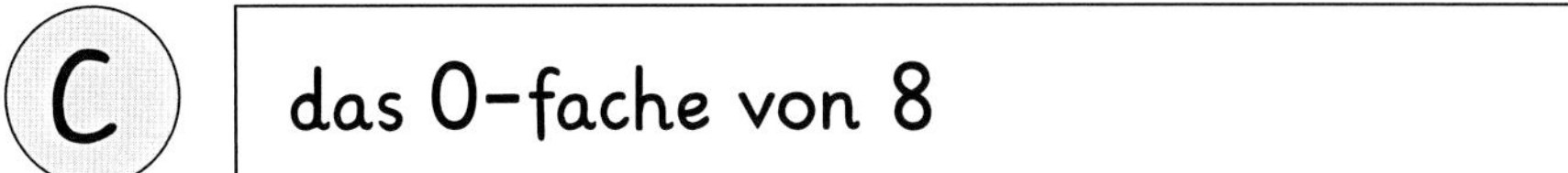
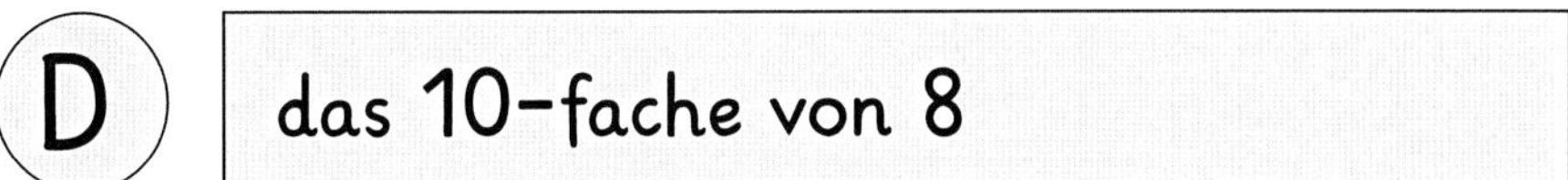

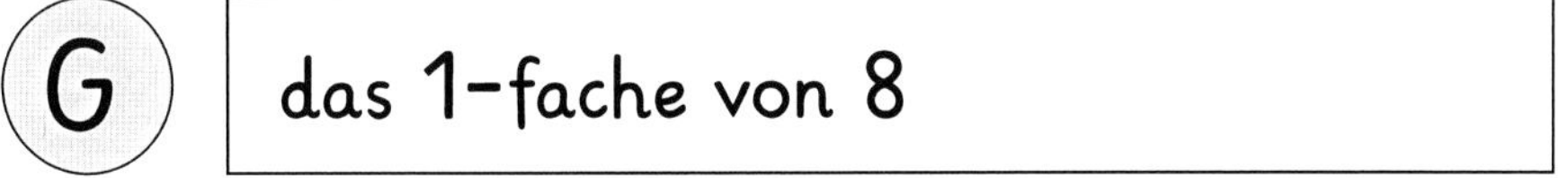
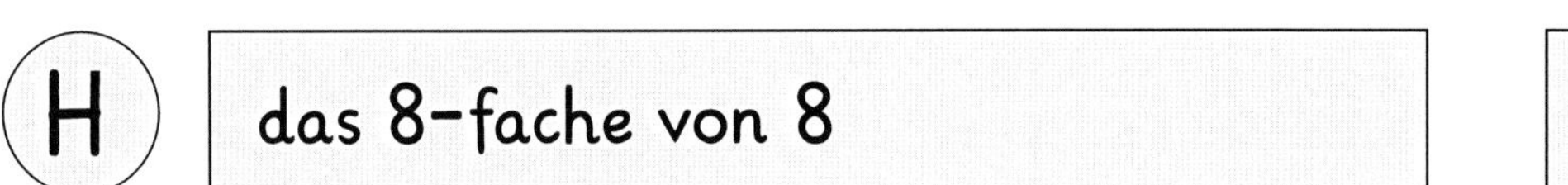

| | Aufgabe | Lösung | Kontrolle |
|---|---|---|---|
| A | das 3-fache von 8 | 24 | 24 |
| B | das 6-fache von 8 | | 48 |
| C | das 0-fache von 8 | | 0 |
| D | das 10-fache von 8 | | 80 |
| E | das 4-fache von 8 | | 32 |
| F | das 7-fache von 8 | | 56 |
| G | das 1-fache von 8 | | 8 |
| H | das 8-fache von 8 | | 64 |
| I | das 5-fache von 8 | | 40 |
| J | das 2-fache von 8 | | 16 |
| K | das 9-fache von 8 | | 72 |
| L | das 11-fache von 8 | | 88 |

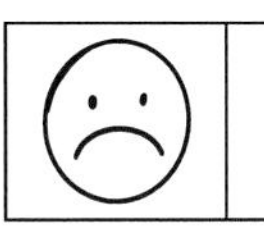
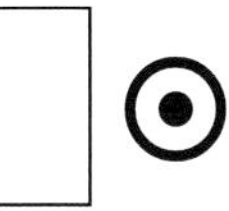

Dein Name: ______________________________

## Einfache Aufgaben zum 1 x 1 der 9

Schreibe die Lösungszahl in das freie Feld neben der Aufgabe!

Diesen Kontrollabschnitt vor dem Bearbeiten des Blattes nach hinten knicken oder abschneiden.

| | Aufgabe | Lösung | Kontrolle |
|---|---|---|---|
| A | das 4-fache von 9 | 36 | 36 |
| B | das 10-fache von 9 | | 90 |
| C | das 7-fache von 9 | | 63 |
| D | das 1-fache von 9 | | 9 |
| E | das 8-fache von 9 | | 72 |
| F | das 6-fache von 9 | | 54 |
| G | das 2-fache von 9 | | 18 |
| H | das 9-fache von 9 | | 81 |
| I | das 3-fache von 9 | | 27 |
| J | das 5-fache von 9 | | 45 |
| K | das 0-fache von 9 | | 0 |
| L | das 11-fache von 9 | | 99 |

   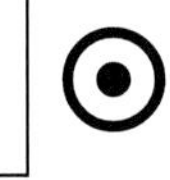

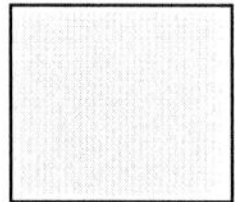

KOHL VERLAG

Dein Name: ______________________

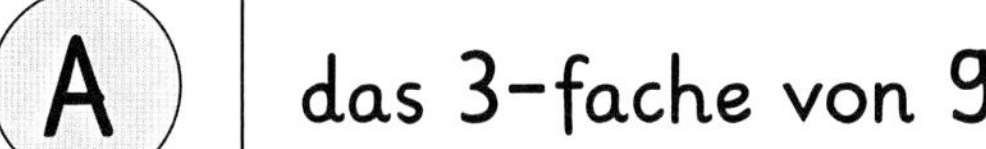

# Einfache Aufgaben zum 1 x 1 der 9

Schreibe die Lösungszahl in das freie Feld neben der Aufgabe!

| | Aufgabe | Lösung | Kontrolle |
|---|---|---|---|
| A | das 3-fache von 9 | 27 | 27 |
| B | das 6-fache von 9 | | 54 |
| C | das 0-fache von 9 | | 0 |
| D | das 10-fache von 9 | | 90 |
| E | das 4-fache von 9 | | 36 |
| F | das 7-fache von 9 | | 63 |
| G | das 1-fache von 9 | | 9 |
| H | das 8-fache von 9 | | 72 |
| I | das 5-fache von 9 | | 45 |
| J | das 2-fache von 9 | | 18 |
| K | das 9-fache von 9 | | 81 |
| L | das 11-fache von 9 | | 99 |

Diesen Kontrollabschnitt vor dem Bearbeiten des Blattes nach hinten knicken oder abschneiden.

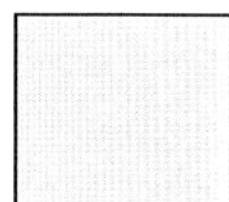

Dein Name: ______________________________

## Einfache gemischte Aufgaben 1

Schreibe die Lösungszahl in das freie Feld neben der Aufgabe!

Diesen Kontrollabschnitt vor dem Bearbeiten des Blattes nach hinten knicken oder abschneiden.

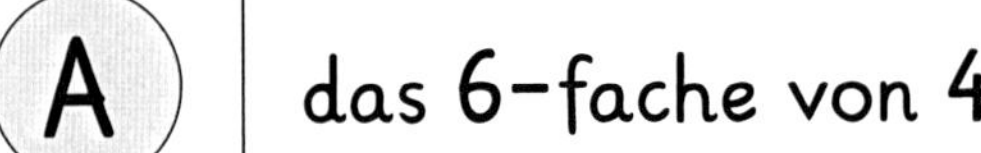

| | Aufgabe | Lösung | Kontrolle |
|---|---|---|---|
| A | das 6-fache von 4 |  24 | 24 |
| B | das 8-fache von 7 |  | 56 |
| C | das 7-fache von 5 |  | 35 |
| D | das 4-fache von 3 |  | 12 |
| E | das 8-fache von 6 | 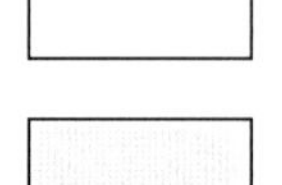 | 48 |
| F | das 4-fache von 8 | 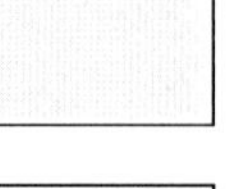 | 32 |
| G | das 5-fache von 4 | 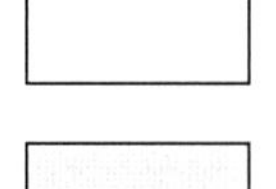 | 20 |
| H | das 9-fache von 7 | 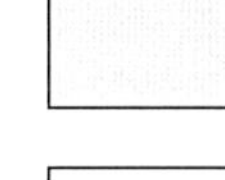 | 63 |
| I | das 6-fache von 5 |  | 30 |
| J | das 5-fache von 3 |  | 15 |
| K | das 7-fache von 6 |  | 42 |
| L | das 9-fache von 8 | 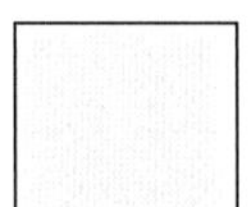 | 72 |

Dein Name: ______________________________

## Einfache gemischte Aufgaben 2

Schreibe die Lösungszahl in das freie Feld neben der Aufgabe!

Diesen Kontrollabschnitt vor dem Bearbeiten des Blattes nach hinten knicken oder abschneiden.

| | Aufgabe | | Kontrolle |
|---|---|---|---|
|   | das 6-fache von 8 | 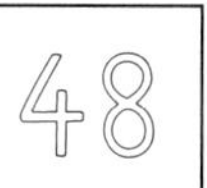  | 48 |
|   | das 8-fache von 4 | 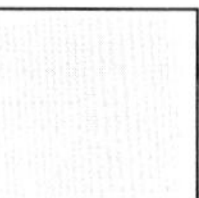 | 32 |
|   | das 4-fache von 5 |  | 20 |
|   | das 7-fache von 9 |  | 63 |
|   | das 5-fache von 6 |  | 30 |
|   | das 3-fache von 5 | 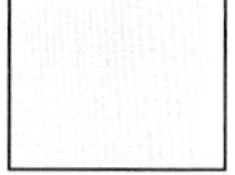 | 15 |
|   | das 6-fache von 7 |  | 42 |
|   | das 8-fache von 9 | 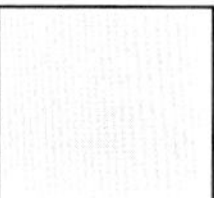 | 72 |
|   | das 4-fache von 6 |  | 24 |
|   | das 7-fache von 8 | 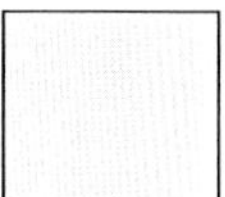 | 56 |
|   | das 5-fache von 7 |  | 35 |
|   | das 3-fache von 4 | 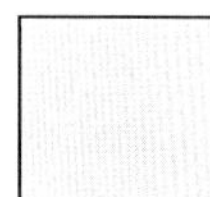 | 12 |

   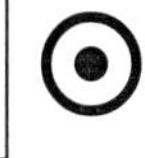 

KOHL VERLAG
Sinnerfassend lesen & rechnen Multiplikation im kleinen 1 x 1 – Bestell-Nr. 13 140

Dein Name: ______________________________

# Einfache gemischte Aufgaben 3

Schreibe die Lösungszahl in das freie Feld neben der Aufgabe!

Diesen Kontrollabschnitt vor dem Bearbeiten des Blattes nach hinten knicken oder abschneiden.

| | Aufgabe | Lösung | Kontrolle |
|---|---|---|---|
| A | 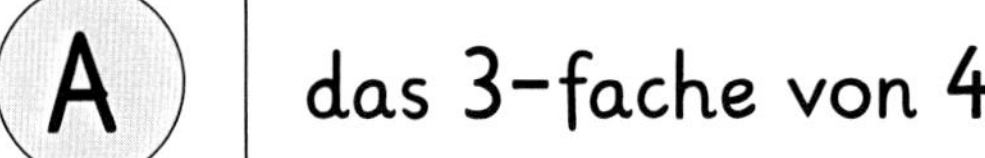 das 3-fache von 4 | 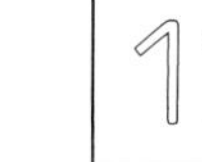 12 | 12 |
| B | 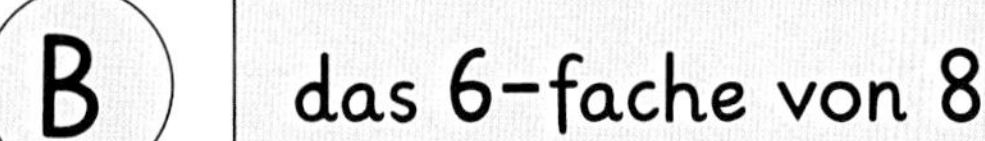 das 6-fache von 8 |  | 48 |
| C | das 8-fache von 4 |  | 32 |
| D | das 4-fache von 5 | 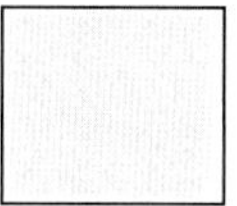 | 20 |
| E | das 7-fache von 9 |  | 63 |
| F | das 5-fache von 6 |  | 30 |
| G | das 3-fache von 5 |  | 15 |
| H | das 6-fache von 7 | 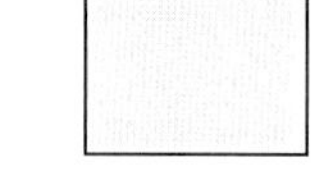 | 42 |
| I | das 8-fache von 9 | 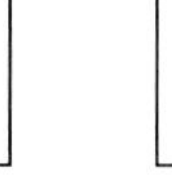 | 72 |
| J | das 4-fache von 6 |  | 24 |
| K | das 7-fache von 8 |  | 56 |
| L | 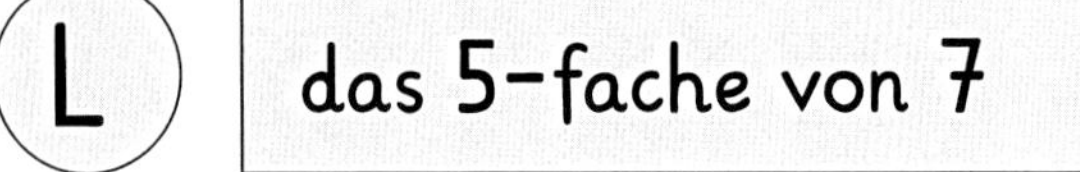 das 5-fache von 7 | 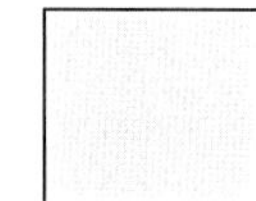 | 35 |

   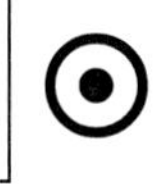

Sinnerfassend lesen & rechnen Multiplikation im kleinen 1 x 1 – Bestell-Nr. 13 140
KOHL VERLAG

Dein Name: ______________________________

# Einfache gemischte Aufgaben 4

Schreibe die Lösungszahl in das freie Feld neben der Aufgabe!

Diesen Kontrollabschnitt vor dem Bearbeiten des Blattes nach hinten knicken oder abschneiden.

| | Aufgabe | Lösung | Kontrolle |
|---|---|---|---|
| A 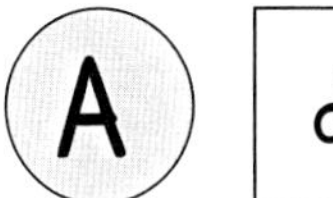 | das 5-fache von 4 | 20  | 20 |
| B | das 9-fache von 7 |  | 63 |
| C | das 6-fache von 5 |  | 30 |
| D | das 5-fache von 3 | 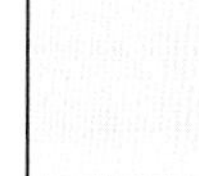 | 15 |
| E | das 7-fache von 6 |  | 42 |
| F | das 9-fache von 8 | 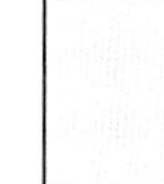 | 72 |
| G | das 6-fache von 4 | 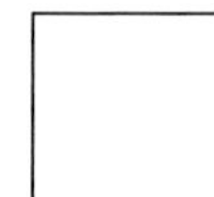 | 24 |
| H | das 8-fache von 7 | 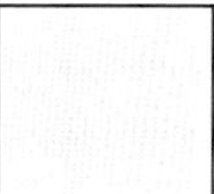 | 56 |
| I | das 7-fache von 5 |  | 35 |
| J | das 4-fache von 3 | 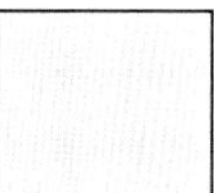 | 12 |
| K | das 8-fache von 6 |  | 48 |
| L  | das 4-fache von 8 | 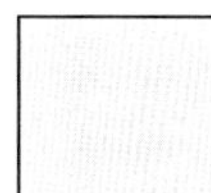 | 32 |

Dein Name: ______________________________

## Einfache gemischte Aufgaben 5

Schreibe die Lösungszahl in das freie Feld neben der Aufgabe!

Diesen Kontrollabschnitt vor dem Bearbeiten des Blattes nach hinten knicken oder abschneiden.

| | Aufgabe | Lösung | Kontrolle |
|---|---|---|---|
| A | 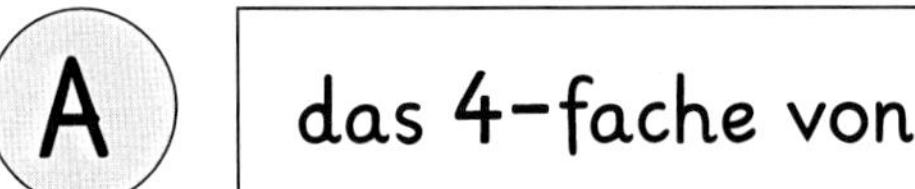 das 4-fache von 7 | 28 | 28 |
| B | 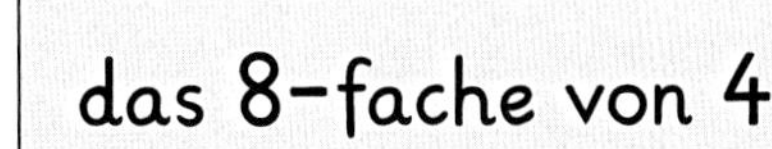 das 8-fache von 4 | | 32 |
| C | 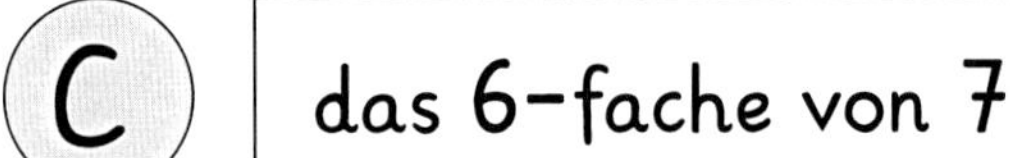 das 6-fache von 7 | | 42 |
| D | 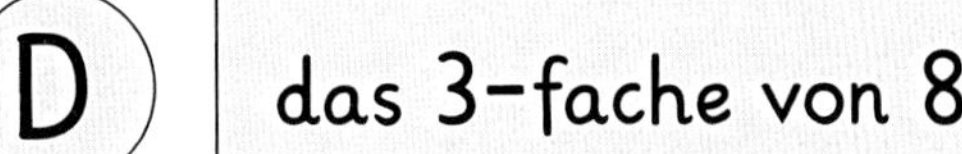 das 3-fache von 8 | | 24 |
| E | 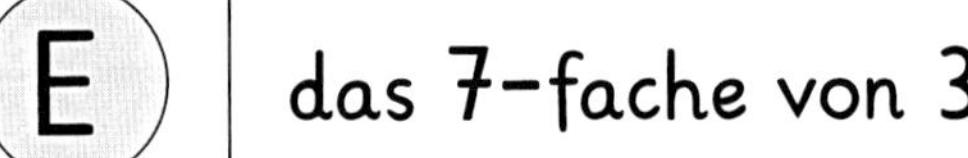 das 7-fache von 3 | | 21 |
| F | 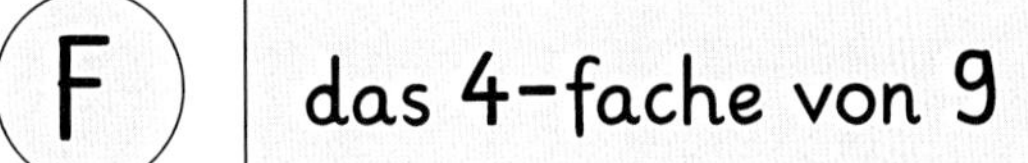 das 4-fache von 9 | | 36 |
| G | 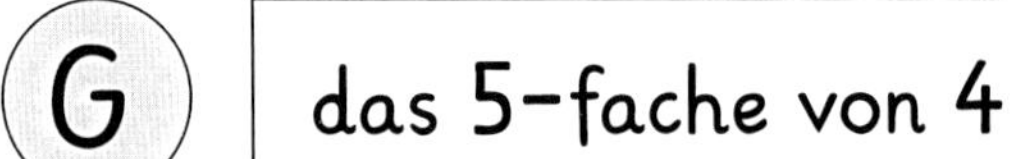 das 5-fache von 4 | | 20 |
| H | 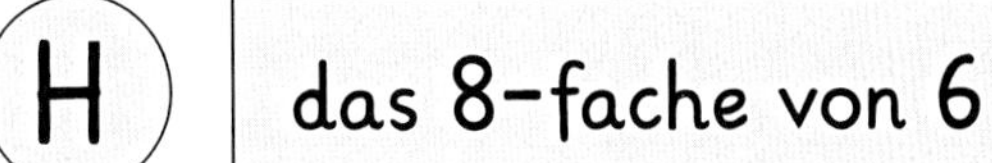 das 8-fache von 6 | | 48 |
| I | 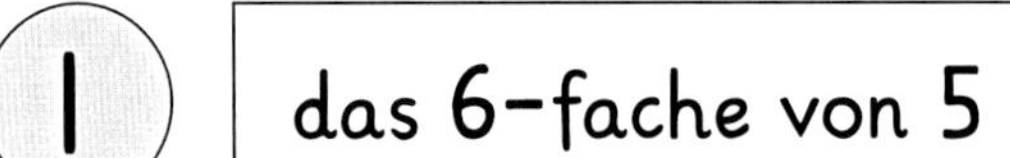 das 6-fache von 5 | | 30 |
| J |  das 3-fache von 9 | | 27 |
| K |  das 7-fache von 5 | | 35 |
| L |  das 5-fache von 8 | | 40 |

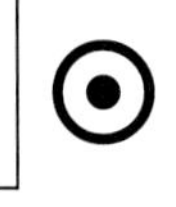

Dein Name: ____________________

# Einfache gemischte Aufgaben 6

Schreibe die Lösungszahl in das freie Feld neben der Aufgabe!

Diesen Kontrollabschnitt vor dem Bearbeiten des Blattes nach hinten knicken oder abschneiden.

| | Aufgabe | Lösung | Kontrolle |
|---|---|---|---|
| A | 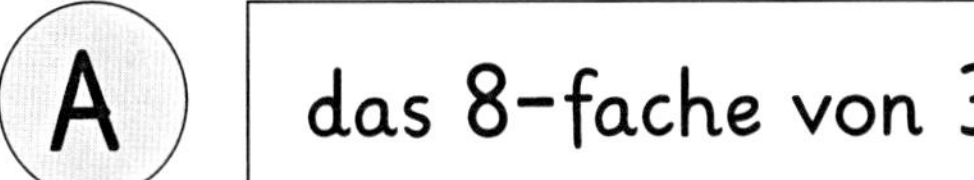 das 8-fache von 3 |  24 | 24 |
| B | 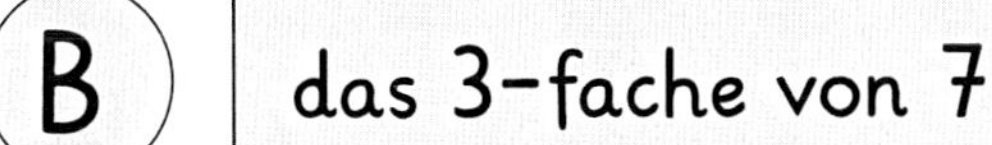 das 3-fache von 7 | | 21 |
| C | das 9-fache von 4 | | 36 |
| D | das 4-fache von 5 |  | 20 |
| E | das 6-fache von 8 | | 48 |
| F | das 5-fache von 6 |  | 30 |
| G | 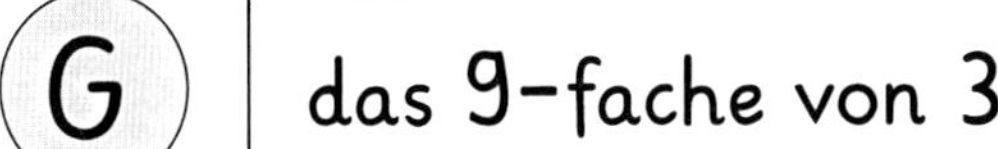 das 9-fache von 3 |  | 27 |
| H  | das 5-fache von 7 | 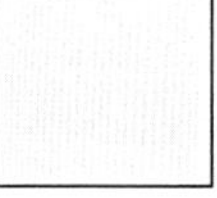 | 35 |
| I 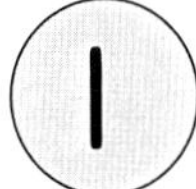 | das 8-fache von 5 |  | 40 |
| J  | das 7-fache von 4 | 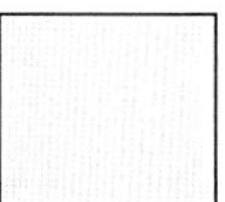 | 28 |
| K  | das 4-fache von 8 |  | 32 |
| L  | das 7-fache von 6 | 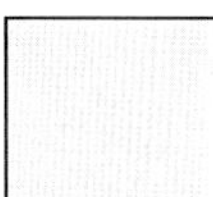 | 42 |

Dein Name: ______________________________

## Einfache gemischte Aufgaben 7

Schreibe die Lösungszahl in das freie Feld neben der Aufgabe!

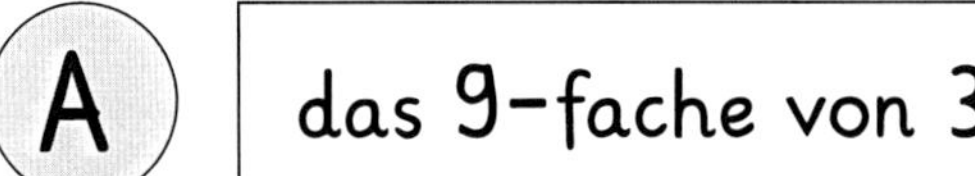

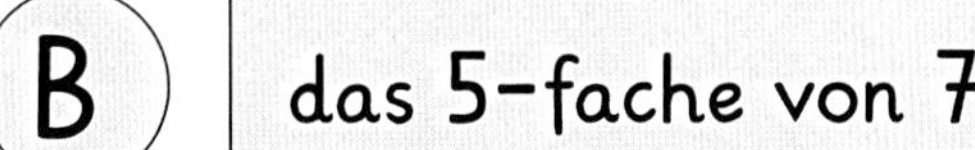

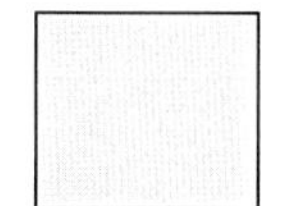
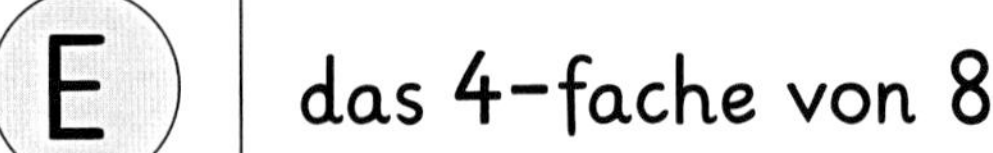
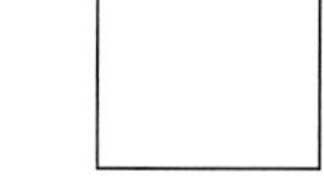
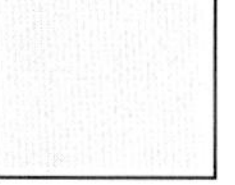
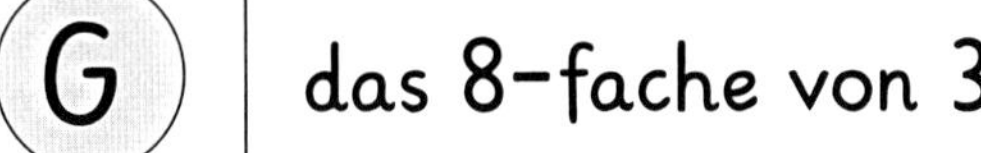
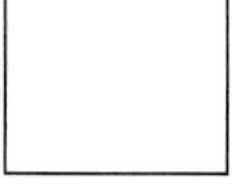
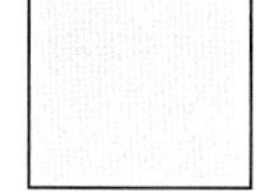
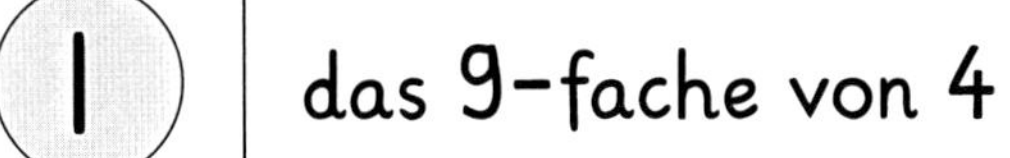
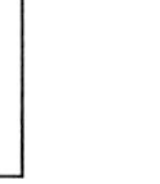
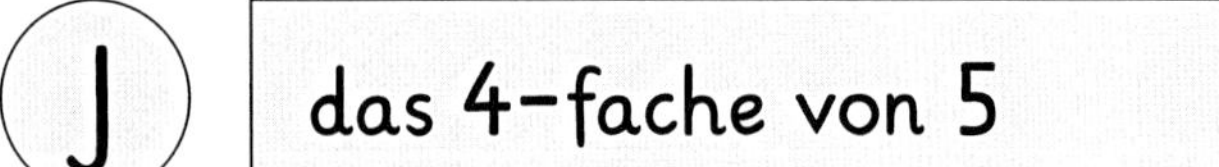

| | | | |
|---|---|---|---|
| A | das 9-fache von 3 | 27 | 27 |
| B | das 5-fache von 7 | | 35 |
| C | das 8-fache von 5 | | 40 |
| D | das 7-fache von 4 | | 28 |
| E | das 4-fache von 8 | | 32 |
| F | das 7-fache von 6 | | 42 |
| G | das 8-fache von 3 | | 24 |
| H | das 3-fache von 7 | | 21 |
| I | das 9-fache von 4 | | 36 |
| J | das 4-fache von 5 | | 20 |
| K | das 6-fache von 8 | | 48 |
| L | das 5-fache von 6 | | 30 |

Diesen Kontrollabschnitt vor dem Bearbeiten des Blattes nach hinten knicken oder abschneiden.

Sinnerfassend lesen & rechnen
Multiplikation im kleinen 1 x 1 – Bestell-Nr. 13 140
KOHL VERLAG

Dein Name: ______________________________

## Einfache gemischte Aufgaben 8

Schreibe die Lösungszahl in das freie Feld neben der Aufgabe!

Diesen Kontrollabschnitt vor dem Bearbeiten des Blattes nach hinten knicken oder abschneiden.

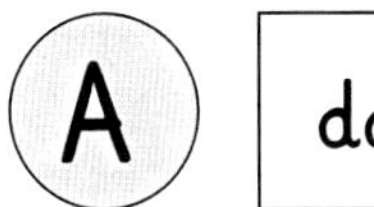

| | Aufgabe | Lösung | Kontrolle |
|---|---|---|---|
| A | das 8-fache von 4 | 32 | 32 |
| B | das 6-fache von 7 | | 42 |
| C | das 3-fache von 8 | | 24 |
| D | das 7-fache von 3 | | 21 |
| E | das 4-fache von 9 | | 36 |
| F | das 5-fache von 4 | | 20 |
| G | das 8-fache von 6 | | 48 |
| H | das 6-fache von 5 | | 30 |
| I | das 3-fache von 9 | | 27 |
| J | das 7-fache von 5 | | 35 |
| K | das 5-fache von 8 | | 40 |
| L | das 4-fache von 7 | | 28 |

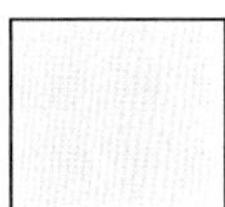

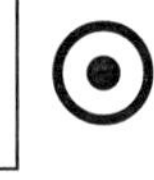

Sinnerfassend lesen & rechnen
Multiplikation im kleinen 1 x 1 – Bestell-Nr. 13 140
KOHL VERLAG

Dein Name: ______________________________

## Mittelschwere Aufgaben zum 1 x 1 der 2

Schreibe die Lösungszahl in das freie Feld neben der Aufgabe!

| | Aufgabe | Lösung | Kontrolle |
|---|---|---|---|
| A | 6 ist 2 mal wie viel? | 3 | 3 |
| B | Wie viel mal 2 ist 12? | | 6 |
| C | 0 ist 2 mal wie viel? | | 0 |
| D | Wie viel mal 2 ist 20? | | 10 |
| E | 8 ist 2 mal wie viel? | | 4 |
| F | Wie viel mal 2 ist 14? | | 7 |
| G | 2 ist 2 mal wie viel? | | 1 |
| H | Wie viel mal 2 ist 16? | | 8 |
| I | 10 ist 2 mal wie viel? | | 5 |
| J | Wie viel mal 2 ist 4? | | 2 |
| K | 18 ist 2 mal wie viel? | | 9 |
| L | Wie viel mal 2 ist 22? | | 11 |

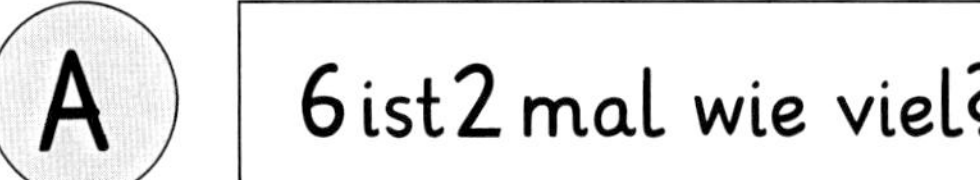

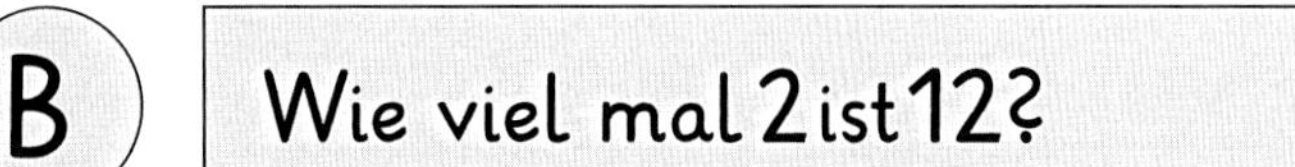

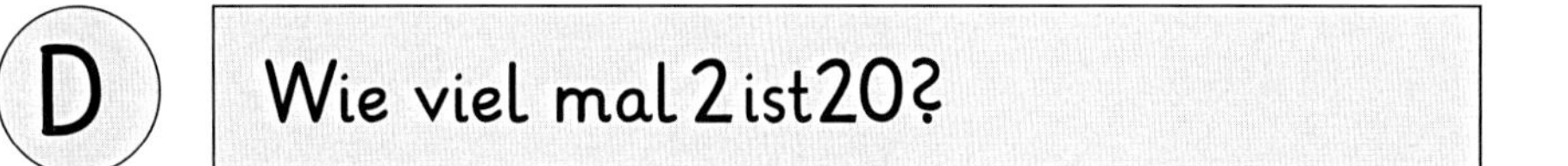

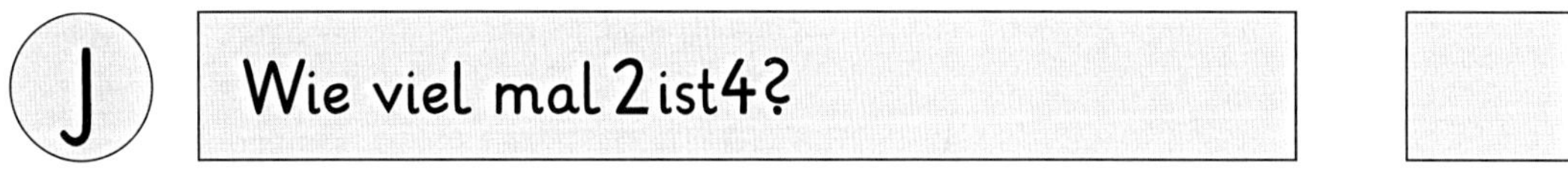

Diesen Kontrollabschnitt vor dem Bearbeiten des Blattes nach hinten knicken oder abschneiden.

   !

Dein Name: ______________________________

# Mittelschwere Aufgaben zum 1 x 1 der 2

Schreibe die Lösungszahl in das freie Feld neben der Aufgabe!

*Diesen Kontrollabschnitt vor dem Bearbeiten des Blattes nach hinten knicken oder abschneiden.*

| | Aufgabe | Lösung | Kontrolle |
|---|---|---|---|
| A | 20 ist 2 mal wie viel? |  | 10 |
| B | Wie viel mal 2 ist 8? | | 4 |
| C | 14 ist 2 mal wie viel? | | 7 |
| D | Wie viel mal 2 ist 2? | | 1 |
| E | 16 ist 2 mal wie viel? | | 8 |
| F | Wie viel mal 2 ist 10? | | 5 |
| G | 4 ist 2 mal wie viel? | | 2 |
| H | Wie viel mal 2 ist 18? | | 9 |
| I | 6 ist 2 mal wie viel? | | 3 |
| J | Wie viel mal 2 ist 12? | | 6 |
| K | 0 ist 2 mal wie viel? | | 0 |
| L | Wie viel mal 2 ist 22? | | 11 |

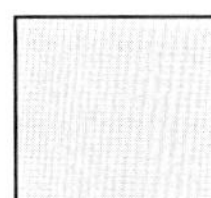

    !

KOHL VERLAG Sinnerfassend lesen & rechnen Multiplikation im kleinen 1 x 1 – Bestell-Nr. 13 140

Dein Name: ____________________

# Mittelschwere Aufgaben zum 1 x 1 der 3

Schreibe die Lösungszahl in das freie Feld neben der Aufgabe!

Diesen Kontrollabschnitt vor dem Bearbeiten des Blattes nach hinten knicken oder abschneiden.

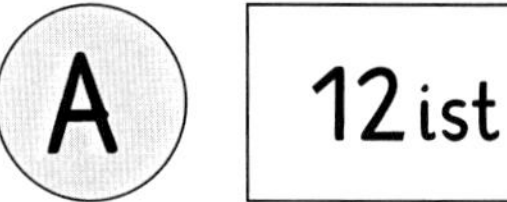

| | Aufgabe | Lösung | Kontrolle |
|---|---|---|---|
| A | 12 ist 3 mal wie viel? |  | 4 |
| B | Wie viel mal 3 ist 3? |  | 1 |
| C | 18 ist 3 mal wie viel? |  | 6 |
| D | Wie viel mal 3 ist 24? |  | 8 |
| E | 0 ist 3 mal wie viel? |  | 0 |
| F | Wie viel mal 3 ist 15? |  | 5 |
| G | 6 ist 3 mal wie viel? |  | 2 |
| H | Wie viel mal 3 ist 21? |  | 7 |
| I | 30 ist 3 mal wie viel? |  | 10 |
| J | Wie viel mal 3 ist 9? |  | 3 |
| K | 27 ist 3 mal wie viel? |  | 9 |
| L | Wie viel mal 3 ist 33? |  | 11 |

   !

Dein Name: ______________________________

## Mittelschwere Aufgaben zum $1 \times 1$ der 3

Schreibe die Lösungszahl in das freie Feld neben der Aufgabe!

Diesen Kontrollabschnitt vor dem Bearbeiten des Blattes nach hinten knicken oder abschneiden.

| | Aufgabe | Lösung | Kontrolle |
|---|---|---|---|
| A | 24 ist 3 mal wie viel? | 8 | 8 |
| B | Wie viel mal 3 ist 0? | | 0 |
| C | 15 ist 3 mal wie viel? | | 5 |
| D | Wie viel mal 3 ist 6? | | 2 |
| E | 21 ist 3 mal wie viel? | | 7 |
| F | Wie viel mal 3 ist 30? | | 10 |
| G | 9 ist 3 mal wie viel? | | 3 |
| H | Wie viel mal 3 ist 27? | | 9 |
| I | 12 ist 3 mal wie viel? | | 4 |
| J | Wie viel mal 3 ist 3? | | 1 |
| K | 18 ist 3 mal wie viel? | | 6 |
| L | Wie viel mal 3 ist 33? | | 11 |

   !

Dein Name: ______________________________

## Mittelschwere Aufgaben zum 1 x 1 der 4

Schreibe die Lösungszahl in das freie Feld neben der Aufgabe!

Diesen Kontrollabschnitt vor dem Bearbeiten des Blattes nach hinten knicken oder abschneiden.

| | Aufgabe | Lösung | Kontrolle |
|---|---|---|---|
|  A | 8 ist 4 mal wie viel? |  2 |  2 |
| 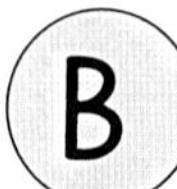 B | Wie viel mal 4 ist 36? |  | 9 |
|  C | 12 ist 4 mal wie viel? |  |  3 |
|  D | Wie viel mal 4 ist 4? |  |  1 |
|  E | 32 ist 4 mal wie viel? |  |  8 |
|  F | Wie viel mal 4 ist 16? |  |  4 |
|  G | 0 ist 4 mal wie viel? | | 0 |
| 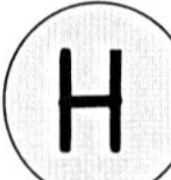 H | Wie viel mal 4 ist 24? |  |  6 |
| 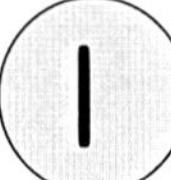 I | 40 ist 4 mal wie viel? | 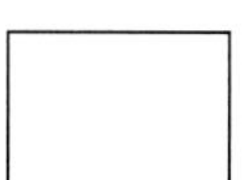 |  10 |
|  J | Wie viel mal 4 ist 28? | 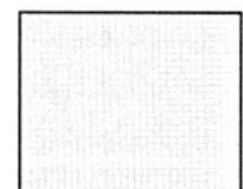 |  7 |
|  K | 20 ist 4 mal wie viel? | 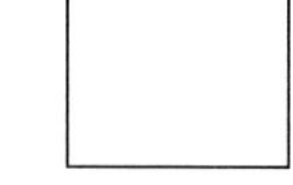 |  5 |
|  L | Wie viel mal 4 ist 44? |  |  11 |

   !

KOHL VERLAG Sinnerfassend lesen & rechnen Multiplikation im kleinen 1 x 1 – Bestell-Nr. 13 140

Dein Name: ______________________________

## Mittelschwere Aufgaben zum 1 x 1 der 4

Schreibe die Lösungszahl in das freie Feld neben der Aufgabe!

Diesen Kontrollabschnitt vor dem Bearbeiten des Blattes nach hinten knicken oder abschneiden.

| | Aufgabe | | |
|---|---|---|---|
| A |  4 ist 4 mal wie viel? |  1 | 1 |
| B | Wie viel mal 4 ist 32? |  | 8 |
| C | 16 ist 4 mal wie viel? |  | 4 |
| D | Wie viel mal 4 ist 0? | 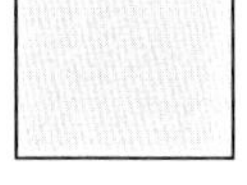 | 0 |
| E | 24 ist 4 mal wie viel? |  | 6 |
| F | Wie viel mal 4 ist 40? | 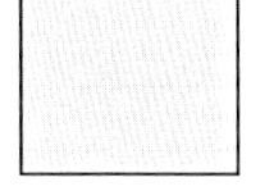 | 10 |
| G | 28 ist 4 mal wie viel? | 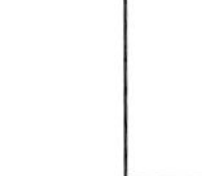 | 7 |
| H | Wie viel mal 4 ist 20? |  | 5 |
| I | 8 ist 4 mal wie viel? |  | 2 |
| J | Wie viel mal 4 ist 36? |  | 9 |
| K | 12 ist 4 mal wie viel? | 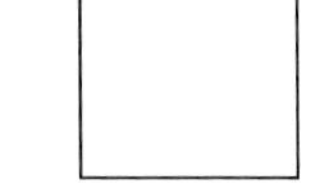 | 3 |
| L | Wie viel mal 4 ist 44? |  | 11 |

   !

Dein Name: ____________________

## Mittelschwere Aufgaben zum 1 x 1 der 5

Schreibe die Lösungszahl in das freie Feld neben der Aufgabe!

Diesen Kontrollabschnitt vor dem Bearbeiten des Blattes nach hinten knicken oder abschneiden.

| | Aufgabe | Lösung | Kontrolle |
|---|---|---|---|
| 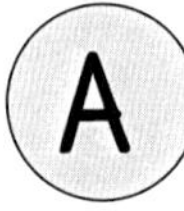 A | 25 ist 5 mal wie viel? |  5 |  5 |
|  B | Wie viel mal 5 ist 35? |  |  7 |
|  C | 50 ist 5 mal wie viel? |  |  10 |
| D | Wie viel mal 5 ist 30? |  |  6 |
|  E | 0 ist 5 mal wie viel? |  |  0 |
|  F | Wie viel mal 5 ist 20? |  |  4 |
|  G | 40 ist 5 mal wie viel? |  |  8 |
| 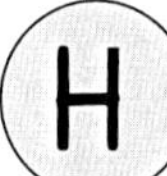 H | Wie viel mal 5 ist 5? |  |  1 |
| 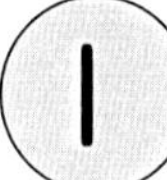 I | 15 ist 5 mal wie viel? |  |  3 |
|  J | Wie viel mal 5 ist 45? |  |  9 |
|  K | 10 ist 5 mal wie viel? |  |  2 |
|  L | Wie viel mal 5 ist 55? | 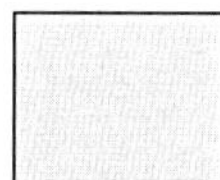 |  11 |

  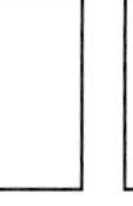  !

Sinnerfassend lesen & rechnen Multiplikation im kleinen 1 x 1 – Bestell-Nr. 13 140
KOHL VERLAG

Dein Name: ________________________________

## Mittelschwere Aufgaben zum 1 x 1 der 5

Schreibe die Lösungszahl in das freie Feld neben der Aufgabe!

Diesen Kontrollabschnitt vor dem Bearbeiten des Blattes nach hinten knicken oder abschneiden.

| | Aufgabe | Lösung | Kontrolle |
|---|---|---|---|
| A | 30 ist 5 mal wie viel? |  | 6 |
| B | Wie viel mal 5 ist 0? |  | 0 |
| C | 20 ist 5 mal wie viel? |  | 4 |
| D | Wie viel mal 5 ist 40? |  | 8 |
| E | 5 ist 5 mal wie viel? |  | 1 |
| F | Wie viel mal 5 ist 15? |  | 3 |
| G | 45 ist 5 mal wie viel? |  | 9 |
| H | Wie viel mal 5 ist 10? |  | 2 |
| I | 25 ist 5 mal wie viel? |  | 5 |
| J | Wie viel mal 5 ist 35? |  | 7 |
| K | 50 ist 5 mal wie viel? |  | 10 |
| L | Wie viel mal 5 ist 55? |  | 11 |

   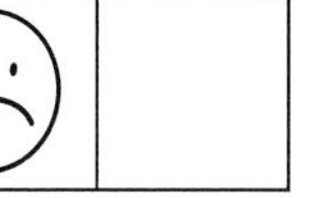 !

Sinnerfassend lesen & rechnen
Multiplikation im kleinen 1 x 1 – Bestell-Nr. 13 140
KOHL VERLAG

Dein Name: ________________________________

# Mittelschwere Aufgaben zum 1 x 1 der 6

Schreibe die Lösungszahl in das freie Feld neben der Aufgabe!

*Diesen Kontrollabschnitt vor dem Bearbeiten des Blattes nach hinten knicken oder abschneiden.*

| | Aufgabe | Lösung | Kontrolle |
|---|---|---|---|
|  A | 18 ist 6 mal wie viel? |  3 | 3 |
| 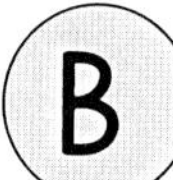 B | Wie viel mal 6 ist 36? |  | 6 |
|  C | 0 ist 6 mal wie viel? |  |  0 |
| D | Wie viel mal 6 ist 60? |  |  10 |
| E | 24 ist 6 mal wie viel? | 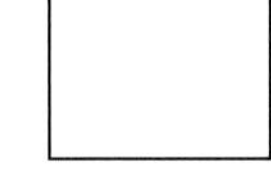 |  4 |
|  F | Wie viel mal 6 ist 42? |  |  7 |
|  G | 6 ist 6 mal wie viel? |  | 1 |
| 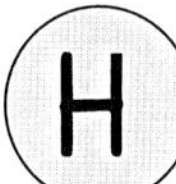 H | Wie viel mal 6 ist 48? |  |  8 |
| 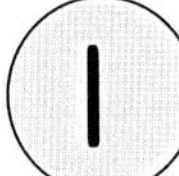 I | 30 ist 6 mal wie viel? | 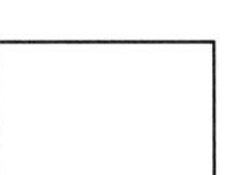 |  5 |
| 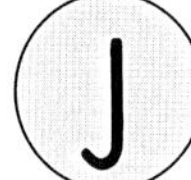 J | Wie viel mal 6 ist 12? |  |  2 |
|  K | 54 ist 6 mal wie viel? | 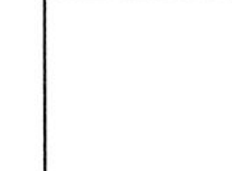 |  9 |
|  L | Wie viel mal 6 ist 66? |  |  11 |

   !

Dein Name: ______________________________

## Mittelschwere Aufgaben zum 1 x 1 der 6

Schreibe die Lösungszahl in das freie Feld neben der Aufgabe!

| | Aufgabe | Lösung | Kontrolle |
|---|---|---|---|
| A | 60 ist 6 mal wie viel? | 10 | 10 |
| B | Wie viel mal 6 ist 24? | | 4 |
| C | 42 ist 6 mal wie viel? | | 7 |
| D | Wie viel mal 6 ist 6? | | 1 |
| E | 48 ist 6 mal wie viel? | | 8 |
| F | Wie viel mal 6 ist 30? | | 5 |
| G | 12 ist 6 mal wie viel? | | 2 |
| H | Wie viel mal 6 ist 54? | | 9 |
| I | 18 ist 6 mal wie viel? | | 3 |
| J | Wie viel mal 6 ist 36? | | 6 |
| K | 0 ist 6 mal wie viel? | | 0 |
| L | Wie viel mal 6 ist 66? | | 11 |

   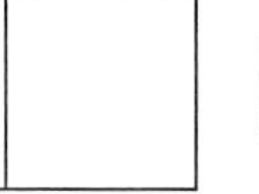 !

Diesen Kontrollabschnitt vor dem Bearbeiten des Blattes nach hinten knicken oder abschneiden.

Dein Name: ______________________________

## Mittelschwere Aufgaben zum 1 x 1 der 7

Schreibe die Lösungszahl in das freie Feld neben der Aufgabe!

Diesen Kontrollabschnitt vor dem Bearbeiten des Blattes nach hinten knicken oder abschneiden.

| | Aufgabe | Lösung | Kontrolle |
|---|---|---|---|
|  A | 28 ist 7 mal wie viel? |  4 | 4 |
| 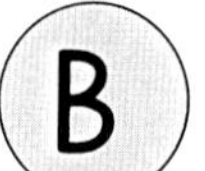 B | Wie viel mal 7 ist 7? |  | 1 |
|  C | 42 ist 7 mal wie viel? |  | 6 |
| D | Wie viel mal 7 ist 56? |  | 8 |
| E | 0 ist 7 mal wie viel? |  | 0 |
|  F | Wie viel mal 7 ist 35? |  | 5 |
|  G | 14 ist 7 mal wie viel? |  | 2 |
|  H | Wie viel mal 7 ist 49? |  | 7 |
|  I | 70 ist 7 mal wie viel? |  | 10 |
|  J | Wie viel mal 7 ist 21? |  | 3 |
|  K | 63 ist 7 mal wie viel? |  | 9 |
|  L | Wie viel mal 7 ist 77? |  | 11 |

   !

Dein Name: ______________________________

## Mittelschwere Aufgaben zum 1 x 1 der 7

Schreibe die Lösungszahl in das freie Feld neben der Aufgabe!

Diesen Kontrollabschnitt vor dem Bearbeiten des Blattes nach hinten knicken oder abschneiden.

| | Aufgabe | Lösung | Kontrolle |
|---|---|---|---|
| A | 56 ist 7 mal wie viel? | 8 | 8 |
| B | Wie viel mal 7 ist 0? | | 0 |
| C | 35 ist 7 mal wie viel? | | 5 |
| D | Wie viel mal 7 ist 14? | | 2 |
| E | 49 ist 7 mal wie viel? | | 7 |
| F | Wie viel mal 7 ist 70? | | 10 |
| G | 21 ist 7 mal wie viel? | | 3 |
| H | Wie viel mal 7 ist 63? | | 9 |
| I | 28 ist 7 mal wie viel? | | 4 |
| J | Wie viel mal 7 ist 7? | | 1 |
| K | 42 ist 7 mal wie viel? | | 6 |
| L | Wie viel mal 7 ist 77? | | 11 |

   !

Dein Name: ______________________________

# Mittelschwere Aufgaben zum 1 x 1 der 8

Schreibe die Lösungszahl in das freie Feld neben der Aufgabe!

Diesen Kontrollabschnitt vor dem Bearbeiten des Blattes nach hinten knicken oder abschneiden.

| | Aufgabe | Lösung | Kontrolle |
|---|---|---|---|
| A | 16 ist 8 mal wie viel? | 2 | 2 |
| B | Wie viel mal 8 ist 72? | | 9 |
| C | 24 ist 8 mal wie viel? | | 3 |
| D | Wie viel mal 8 ist 8? | | 1 |
| E | 64 ist 8 mal wie viel? | | 8 |
| F | Wie viel mal 8 ist 32? | | 4 |
| G | 0 ist 8 mal wie viel? | | 0 |
| H | Wie viel mal 8 ist 48? | | 6 |
| I | 80 ist 8 mal wie viel? | | 10 |
| J | Wie viel mal 8 ist 56? | | 7 |
| K | 40 ist 8 mal wie viel? | | 5 |
| L | Wie viel mal 8 ist 88? | | 11 |

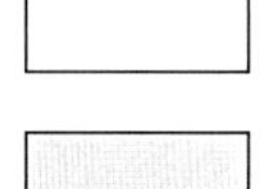

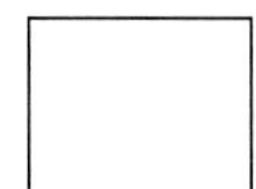
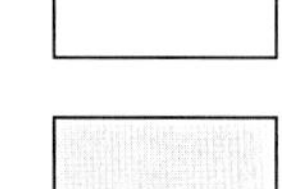

!

KOHL VERLAG
Sinnerfassend lesen & rechnen Multiplikation im kleinen 1 x 1 – Bestell-Nr. 13 140

Dein Name: ______________________________

## Mittelschwere Aufgaben zum 1 x 1 der 8

Schreibe die Lösungszahl in das freie Feld neben der Aufgabe!

Diesen Kontrollabschnitt vor dem Bearbeiten des Blattes nach hinten knicken oder abschneiden.

| | Aufgabe | Lösung | Kontrolle |
|---|---|---|---|
| A | 8 ist 8 mal wie viel? |  |  1 |
| B | Wie viel mal 8 ist 64? |  |  8 |
| C | 32 ist 8 mal wie viel? |  |  4 |
| D | Wie viel mal 8 ist 0? |  |  0 |
| E | 48 ist 8 mal wie viel? |  |  6 |
| F | Wie viel mal 8 ist 80? |  | 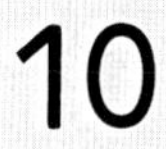 10 |
| G | 56 ist 8 mal wie viel? |  |  7 |
| H | Wie viel mal 8 ist 40? |  |  5 |
| I | 16 ist 8 mal wie viel? |  |  2 |
| J | Wie viel mal 8 ist 72? |  |  9 |
| K | 24 ist 8 mal wie viel? | 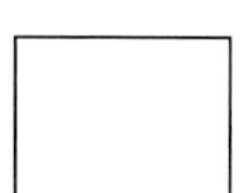 |  3 |
| L  | Wie viel mal 8 ist 88? |  |  11 |

   !

KOHL VERLAG
Sinnerfassend lesen & rechnen
Multiplikation im kleinen 1 x 1 – Bestell-Nr. 13 140

Dein Name: ______________________________

## Mittelschwere Aufgaben zum 1 x 1 der 9

Schreibe die Lösungszahl in das freie Feld neben der Aufgabe!

*Diesen Kontrollabschnitt vor dem Bearbeiten des Blattes nach hinten knicken oder abschneiden.*

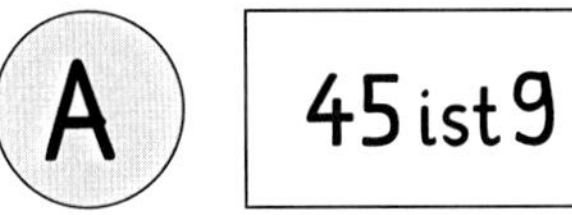

| | Aufgabe | Lösung | Kontrolle |
|---|---|---|---|
| A | 45 ist 9 mal wie viel? |  5 | 5 |
| B | Wie viel mal 9 ist 63? |  | 7 |
| C | 90 ist 9 mal wie viel? |  | 10 |
| D | Wie viel mal 9 ist 54? |  | 6 |
| E | 0 ist 9 mal wie viel? | 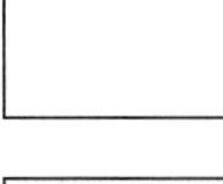 | 0 |
| F | Wie viel mal 9 ist 36? |  | 4 |
| G | 72 ist 9 mal wie viel? |  | 8 |
| H | Wie viel mal 9 ist 9? |  | 1 |
| I | 27 ist 9 mal wie viel? |  | 3 |
| J | Wie viel mal 9 ist 81? |  | 9 |
| K | 18 ist 9 mal wie viel? |  | 2 |
| L | Wie viel mal 9 ist 99? | 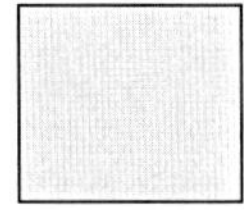 | 11 |

   !

Sinnerfassend lesen & rechnen Multiplikation im kleinen 1 x 1 – Bestell-Nr. 13 140
KOHL VERLAG

Dein Name: ______________________________

## Mittelschwere Aufgaben zum 1 x 1 der 9

Schreibe die Lösungszahl in das freie Feld neben der Aufgabe!

Diesen Kontrollabschnitt vor dem Bearbeiten des Blattes nach hinten knicken oder abschneiden.

| | Aufgabe | Lösung | Kontrolle |
|---|---|---|---|
| 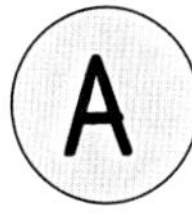 | 54 ist 9 mal wie viel? |  |  |
| 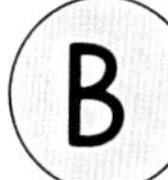 | Wie viel mal 9 ist 0? | 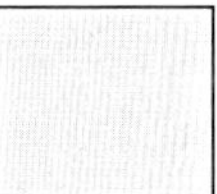 |  |
|  | 36 ist 9 mal wie viel? |  |  |
|  | Wie viel mal 9 ist 72? | 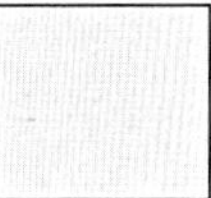 |  |
|  | 9 ist 9 mal wie viel? |  |  |
|  | Wie viel mal 9 ist 27? |  |  |
|  | 81 ist 9 mal wie viel? |  |  |
|  | Wie viel mal 9 ist 18? |  |  |
|  | 45 ist 9 mal wie viel? | 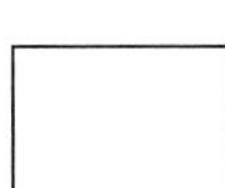 |  |
|  | Wie viel mal 9 ist 63? |  |  |
|  | 90 ist 9 mal wie viel? |  |  |
|  | Wie viel mal 9 ist 99? |  |  |

  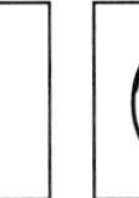  !

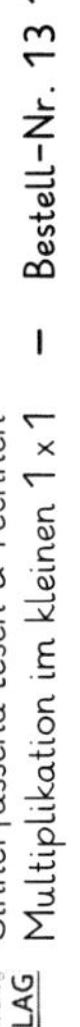

Dein Name: ______________________

## Gemischte mittelschwere Aufgaben 1

Schreibe die Lösungszahl in das freie Feld neben der Aufgabe!

Diesen Kontrollabschnitt vor dem Bearbeiten des Blattes nach hinten knicken oder abschneiden.

| | Aufgabe | Lösung | Kontrolle |
|---|---|---|---|
| A | 12 ist 4 mal wie viel? | 3 | 3 |
| B | Wie viel mal 8 ist 48? | | 6 |
| C | 32 ist 4 mal wie viel? | | 8 |
| D | Wie viel mal 5 ist 20? | | 4 |
| E | 63 ist 9 mal wie viel? | | 7 |
| F | Wie viel mal 6 ist 30? | | 5 |
| G | 15 ist 5 mal wie viel? | | 3 |
| H | Wie viel mal 7 ist 42? | | 6 |
| I | 72 ist 9 mal wie viel? | | 8 |
| J | Wie viel mal 6 ist 24? | | 4 |
| K | 56 ist 8 mal wie viel? | | 7 |
| L | Wie viel mal 7 ist 35? | | 5 |

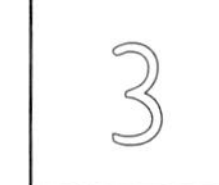

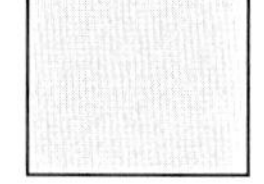

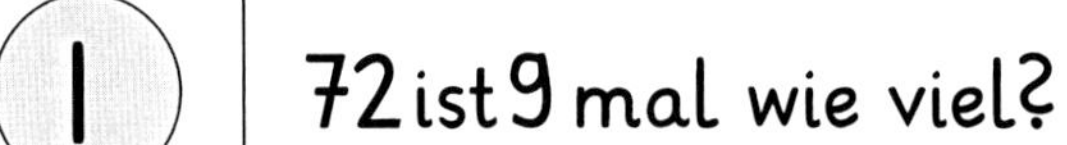
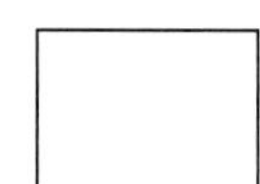

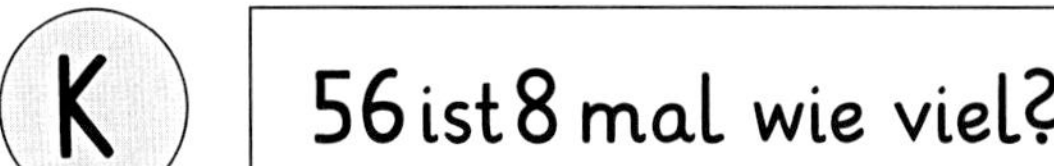

   !

KOHL VERLAG Sinnerfassend lesen & rechnen Multiplikation im kleinen 1 x 1 – Bestell-Nr. 13 140

Dein Name: ______________________________

## Gemischte mittelschwere Aufgaben 2

Schreibe die Lösungszahl in das freie Feld neben der Aufgabe!

Diesen Kontrollabschnitt vor dem Bearbeiten des Blattes nach hinten knicken oder abschneiden.

| | Aufgabe | Lösung | Kontrolle |
|---|---|---|---|
| 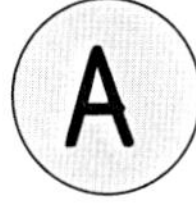 A | 20 ist 4 mal wie viel? |  5 |  5 |
| 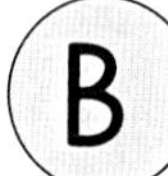 B | Wie viel mal 7 ist 63? | 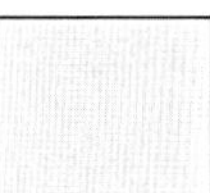 |  9 |
|  C | 30 ist 5 mal wie viel? |  |  6 |
| 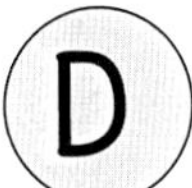 D | Wie viel mal 3 ist 15? | 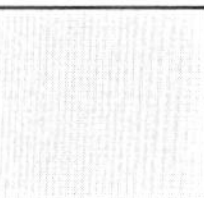 |  5 |
|  E | 42 ist 6 mal wie viel? |  |  7 |
|  F | Wie viel mal 8 ist 72? |  |  9 |
|  G | 24 ist 4 mal wie viel? |  |  6 |
|  H | Wie viel mal 7 ist 56? |  |  8 |
|  I | 35 ist 5 mal wie viel? | 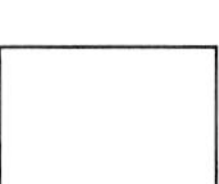 |  7 |
|  J | Wie viel mal 3 ist 12? | 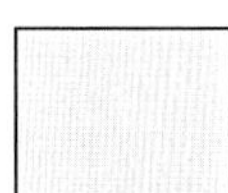 |  4 |
|  K | 48 ist 6 mal wie viel? | 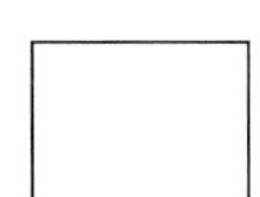 |  8 |
|  L | Wie viel mal 8 ist 32? | 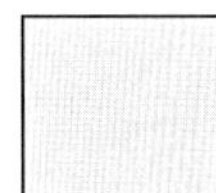 |  4 |

    !

KOHL VERLAG
Sinnerfassend lesen & rechnen
Multiplikation im kleinen 1 x 1 – Bestell-Nr. 13 140

Dein Name: ______________________

## Gemischte mittelschwere Aufgaben 3

Schreibe die Lösungszahl in das freie Feld neben der Aufgabe!

Diesen Kontrollabschnitt vor dem Bearbeiten des Blattes nach hinten knicken oder abschneiden.

| | Aufgabe | Lösung | Kontrolle |
|---|---|---|---|
| A 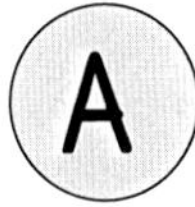 | 12 ist 3 mal wie viel? | 4  | 4  |
| B  | Wie viel mal 6 ist 48? |  | 8 |
| C  | 32 ist 8 mal wie viel? |  | 4 |
| D  | Wie viel mal 4 ist 20? |  | 5 |
| E  | 63 ist 7 mal wie viel? |  | 9 |
| F  | Wie viel mal 5 ist 30? |  | 6 |
| G  | 15 ist 3 mal wie viel? |  | 5 |
| H  | Wie viel mal 6 ist 42? |  | 7  |
| I 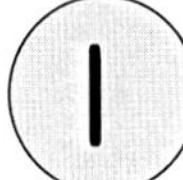 | 72 ist 8 mal wie viel? |  | 9  |
| J  | Wie viel mal 4 ist 24? |  | 6  |
| K  | 56 ist 7 mal wie viel? |  | 8  |
| L  | Wie viel mal 5 ist 35? |  | 7 |

   !

KOHL VERLAG Sinnerfassend lesen & rechnen Multiplikation im kleinen 1 x 1 – Bestell-Nr. 13 140

Dein Name: ______________________________

## Gemischte mittelschwere Aufgaben 4

Schreibe die Lösungszahl in das freie Feld neben der Aufgabe!

| | Aufgabe | Lösung | Kontrolle |
|---|---|---|---|
| 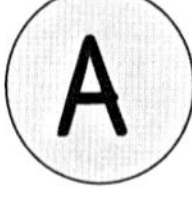 A | 20 ist 5 mal wie viel? |  4 |  4 |
|  B | Wie viel mal 9 ist 63? | 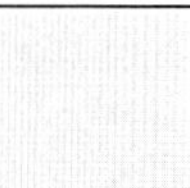 |  7 |
|  C | 30 ist 6 mal wie viel? |  |  5 |
|  D | Wie viel mal 5 ist 15? |  |  3 |
|  E | 42 ist 7 mal wie viel? |  |  6 |
|  F | Wie viel mal 9 ist 72? |  |  8 |
|  G | 24 ist 6 mal wie viel? |  |  4 |
|  H | Wie viel mal 8 ist 56? |  |  7 |
|  I | 35 ist 7 mal wie viel? |  |  5 |
|  J | Wie viel mal 4 ist 12? | 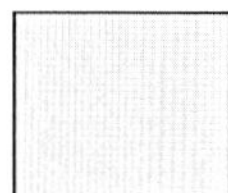 |  3 |
|  K | 48 ist 8 mal wie viel? |  |  6 |
|  L | Wie viel mal 4 ist 32? | 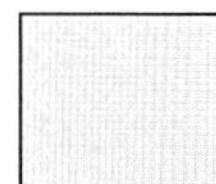 |  8 |

Diesen Kontrollabschnitt vor dem Bearbeiten des Blattes nach hinten knicken oder abschneiden.

Dein Name: ______________________________

## Gemischte mittelschwere Aufgaben 5

Schreibe die Lösungszahl in das freie Feld neben der Aufgabe!

Diesen Kontrollabschnitt vor dem Bearbeiten des Blattes nach hinten knicken oder abschneiden.

| | Aufgabe | Lösung | Kontrolle |
|---|---|---|---|
|  A | 28 ist 7 mal wie viel? |  4 | 4 |
|  B | Wie viel mal 4 ist 32? | 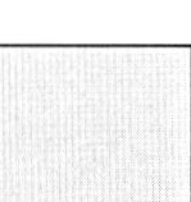 | 8 |
| 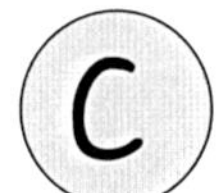 C | 42 ist 7 mal wie viel? |  | 6 |
|  D | Wie viel mal 8 ist 24? |  | 3 |
|  E | 21 ist 3 mal wie viel? |  | 7 |
|  F | Wie viel mal 9 ist 36? |  | 4 |
|  G | 20 ist 4 mal wie viel? |  | 5 |
|  H | Wie viel mal 6 ist 48? |  | 8 |
|  I | 30 ist 5 mal wie viel? |  | 6 |
|  J | Wie viel mal 9 ist 27? |  | 3 |
|  K | 35 ist 5 mal wie viel? | 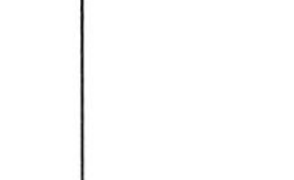 | 7 |
|  L | Wie viel mal 8 ist 40? |  | 5 |

   !

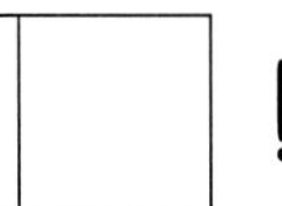

Dein Name: ______________________________

## Gemischte mittelschwere Aufgaben 6

Schreibe die Lösungszahl in das freie Feld neben der Aufgabe!

Diesen Kontrollabschnitt vor dem Bearbeiten des Blattes nach hinten knicken oder abschneiden.

| | Aufgabe | Lösung | Kontrolle |
|---|---|---|---|
| A | 24 ist 3 mal wie viel? |  8 |  8 |
| B | Wie viel mal 7 ist 21? |  |  3 |
| C | 36 ist 4 mal wie viel? |  |  9 |
| D | Wie viel mal 5 ist 20? |  |  4 |
| E | 48 ist 8 mal wie viel? |  |  6 |
| F | Wie viel mal 6 ist 30? | 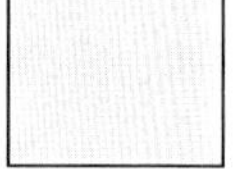 |  5 |
| G | 27 ist 3 mal wie viel? |  |  9 |
| H | Wie viel mal 7 ist 35? |  |  5 |
| I | 40 ist 5 mal wie viel? |  |  8 |
| J | Wie viel mal 4 ist 28? |  | 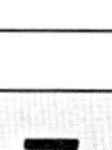 7 |
| K | 32 ist 8 mal wie viel? |  |  4 |
|  L | Wie viel mal 6 ist 42? |  |   7 |

    !

Dein Name: ______________________

# Gemischte mittelschwere Aufgaben 7

Schreibe die Lösungszahl in das freie Feld neben der Aufgabe!

Diesen Kontrollabschnitt vor dem Bearbeiten des Blattes nach hinten knicken oder abschneiden.

| | Aufgabe | Lösung | Kontrolle |
|---|---|---|---|
| A  | 28 ist 4 mal wie viel? | 7  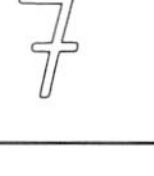 | 7 |
| B | Wie viel mal 8 ist 32? | 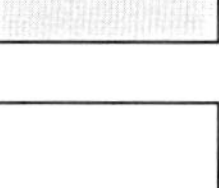 | 4 |
| C | 42 ist 6 mal wie viel? | 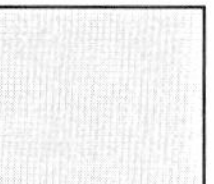 | 7 |
| D | Wie viel mal 3 ist 24? |  | 8 |
| E | 21 ist 7 mal wie viel? |  | 3 |
| F | Wie viel mal 4 ist 36? |  | 9 |
| G | 20 ist 5 mal wie viel? |  | 4 |
| H | Wie viel mal 8 ist 48? |  | 6 |
| I | 30 ist 6 mal wie viel? |  | 5 |
| J | Wie viel mal 3 ist 27? | | 9 |
| K  | 35 ist 7 mal wie viel? | 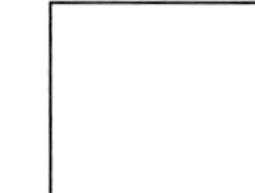 | 5 |
| L  | Wie viel mal 5 ist 40? |  | 8 |

   !

Dein Name: ______________________________

# Gemischte mittelschwere Aufgaben 8

Schreibe die Lösungszahl in das freie Feld neben der Aufgabe!

Diesen Kontrollabschnitt vor dem Bearbeiten des Blattes nach hinten knicken oder abschneiden.

| | Aufgabe | Lösung | Kontrolle |
|---|---|---|---|
| 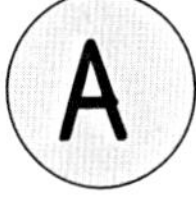 A | 24 ist 8 mal wie viel? |  3 |  3 |
|  B | Wie viel mal 3 ist 21? | 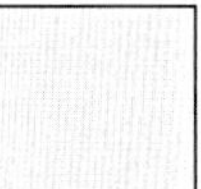 |  7 |
|  C | 36 ist 9 mal wie viel? |  |  4 |
| 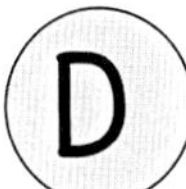 D | Wie viel mal 4 ist 20? | 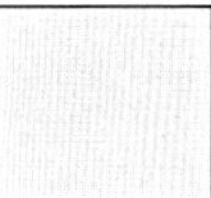 |  5 |
|  E | 48 ist 6 mal wie viel? |  |  8 |
|  F | Wie viel mal 5 ist 30? | 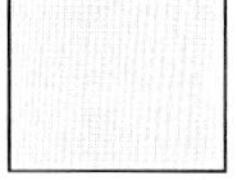 |  6 |
|  G | 27 ist 9 mal wie viel? |  |  3 |
|  H | Wie viel mal 5 ist 35? |  |  7 |
|  I | 40 ist 8 mal wie viel? |  |  5 |
|  J | Wie viel mal 7 ist 28? |  |  4 |
|  K | 32 ist 4 mal wie viel? |  |  8 |
|  L | Wie viel mal 7 ist 42? |  |  6 |

    !

KOHL VERLAG Sinnerfassend lesen & rechnen Multiplikation im kleinen 1 x 1 – Bestell-Nr. 13 140

Dein Name: ______________________________

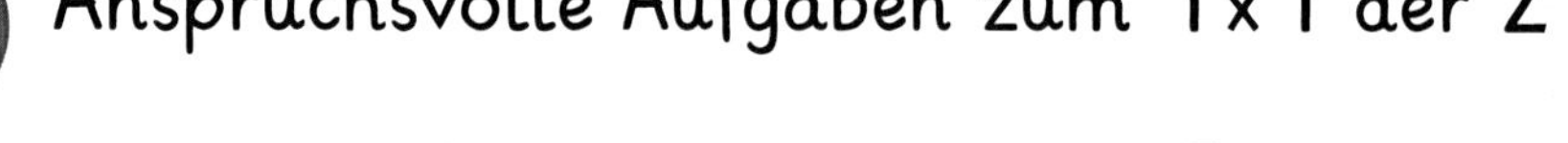

# Anspruchsvolle Aufgaben zum 1 x 1 der 2

Schreibe die Lösungszahl in das freie Feld neben der Aufgabe!

| | Aufgabe | Lösung | Kontrolle |
|---|---|---|---|
| A |  1 mehr als das 3-fache von 2 |  7 | 7 |
| B | 1 weniger als das 6-fache von 2 |  | 11 |
| C | 1 mehr als das 0-fache von 2 |  | 1 |
| D | 1 weniger als das 10-fache von 2 |  | 19 |
| E | 1 mehr als das 4-fache von 2 |  | 9 |
| F | 1 weniger als das 7-fache von 2 |  | 13 |
| G | 1 mehr als das 1-fache von 2 |  | 3 |
| H | 1 weniger als das 8-fache von 2 |  | 15 |
| I | 1 mehr als das 5-fache von 2 |  | 11 |
| J | 1 weniger als das 2-fache von 2 |  | 3 |
| K | 1 mehr als das 9-fache von 2 | 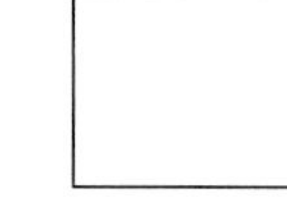 | 19 |
| L | 1 weniger als das 4-fache von 2 |  | 7 |

Diesen Kontrollabschnitt vor dem Bearbeiten des Blattes nach hinten knicken oder abschneiden.

Dein Name: ____________________

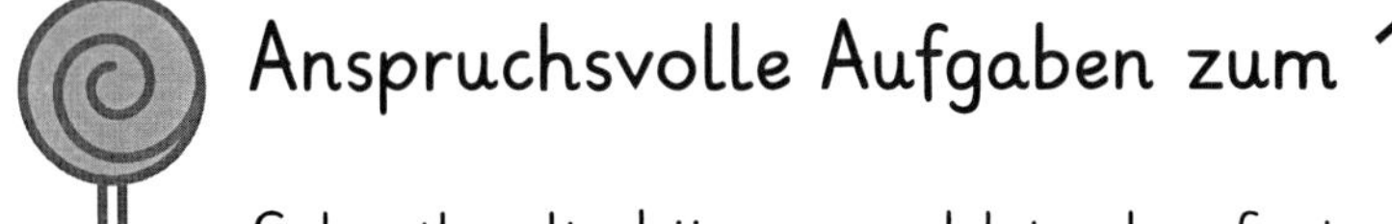

## Anspruchsvolle Aufgaben zum 1 x 1 der 2

Schreibe die Lösungszahl in das freie Feld neben der Aufgabe!

| | Aufgabe | Lösung | Kontrolle |
|---|---|---|---|
| A | 1 mehr als das 10-fache von 2 | 21 | 21 |
| B | 1 weniger als das 4-fache von 2 | | 7 |
| C | 1 mehr als das 7-fache von 2 | | 15 |
| D | 1 weniger als das 1-fache von 2 | | 1 |
| E | 1 mehr als das 8-fache von 2 | | 17 |
| F | 1 weniger als das 5-fache von 2 | | 9 |
| G | 1 mehr als das 2-fache von 2 | | 5 |
| H | 1 weniger als das 9-fache von 2 | | 17 |
| I | 1 mehr als das 3-fache von 2 | | 7 |
| J | 1 weniger als das 6-fache von 2 | | 11 |
| K | 1 mehr als das 0-fache von 2 | | 1 |
| L | 1 weniger als das 7-fache von 2 | | 13 |

Diesen Kontrollabschnitt vor dem Bearbeiten des Blattes nach hinten knicken oder abschneiden.

KOHL VERLAG Sinnerfassend lesen & rechnen Multiplikation im kleinen 1 x 1 – Bestell-Nr. 13 140

Dein Name: ______________________________

# Anspruchsvolle Aufgaben zum 1 x 1 der 3

Schreibe die Lösungszahl in das freie Feld neben der Aufgabe!

Diesen Kontrollabschnitt vor dem Bearbeiten des Blattes nach hinten knicken oder abschneiden.

| | Aufgabe | Lösung | Kontrolle |
|---|---|---|---|
| A |  1 weniger als das 8-fache von 3 | 23 | 23 |
| B | 2 mehr als das 0-fache von 3 | | 2 |
| C | 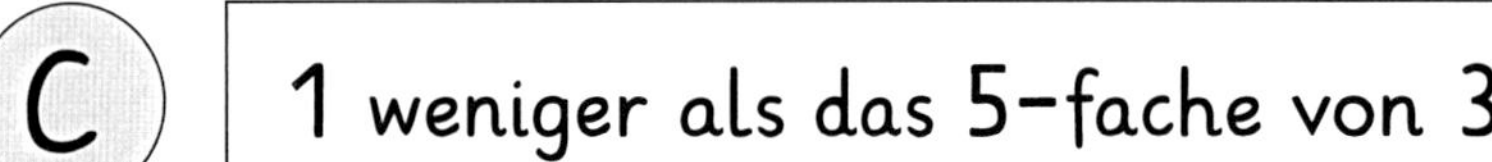 1 weniger als das 5-fache von 3 | | 14 |
| D | 2 mehr als das 2-fache von 3 | | 8 |
| E | 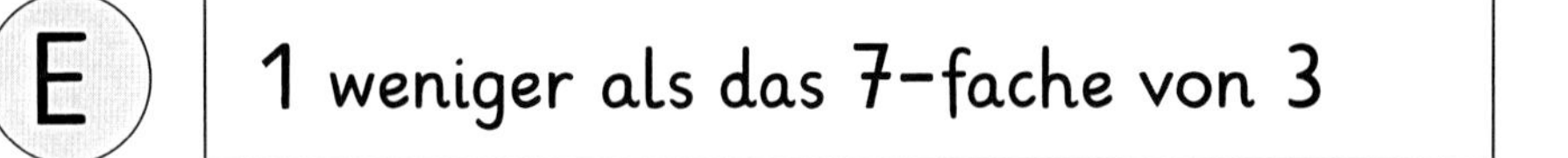 1 weniger als das 7-fache von 3 | | 20 |
| F | 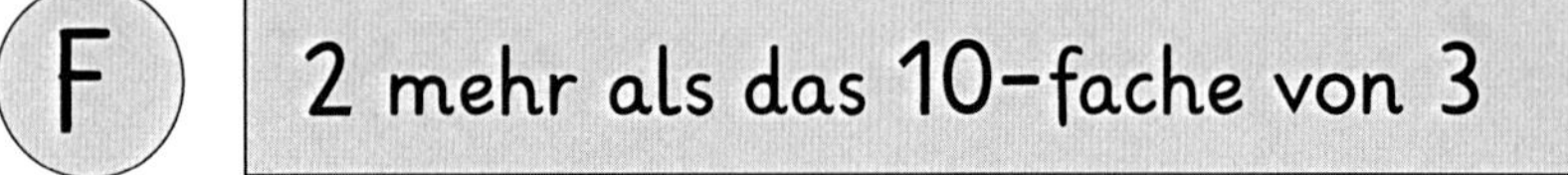 2 mehr als das 10-fache von 3 | | 32 |
| G |  1 weniger als das 3-fache von 3 | | 8 |
| H | 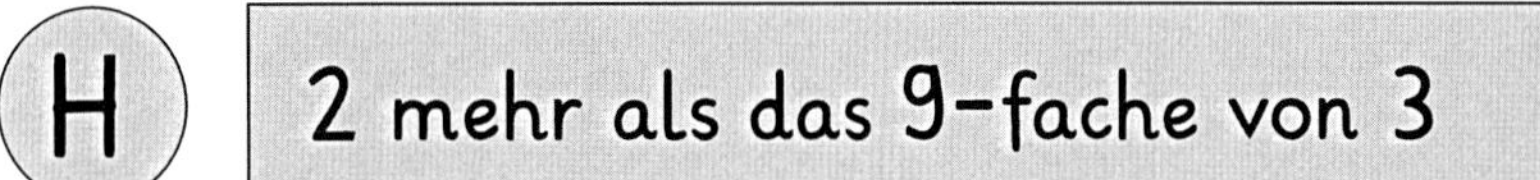 2 mehr als das 9-fache von 3 | | 29 |
| I | 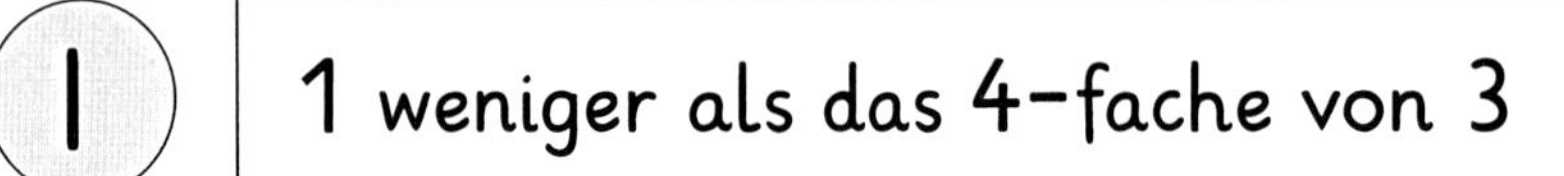 1 weniger als das 4-fache von 3 | | 11 |
| J | 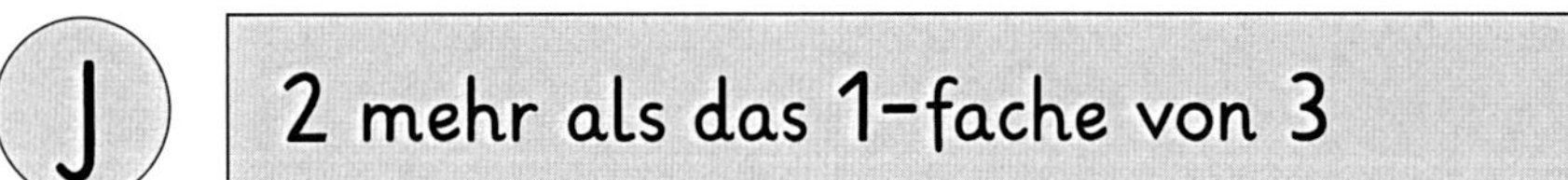 2 mehr als das 1-fache von 3 | | 5 |
| K |  1 weniger als das 6-fache von 3 | | 17 |
| L | 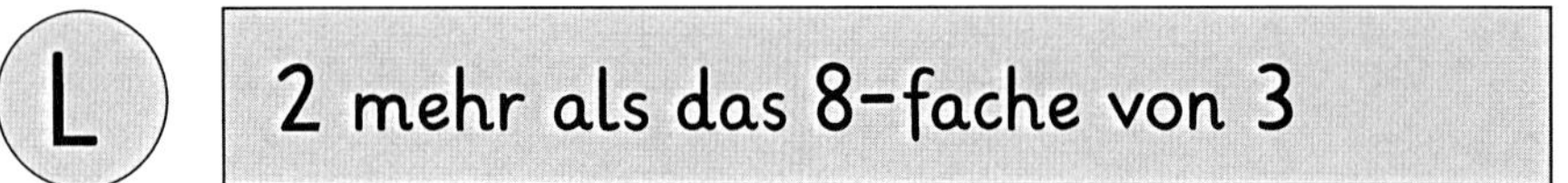 2 mehr als das 8-fache von 3 | | 26 |

★

Dein Name: ______________________________

# Anspruchsvolle Aufgaben zum 1 x 1 der 3

Schreibe die Lösungszahl in das freie Feld neben der Aufgabe!

Diesen Kontrollabschnitt vor dem Bearbeiten des Blattes nach hinten knicken oder abschneiden.

| | Aufgabe | Lösung | Kontrolle |
|---|---|---|---|
| A | 2 mehr als das 4-fache von 3 | 14 | 14 |
| B | 1 weniger als das 1-fache von 3 | | 2 |
| C | 2 mehr als das 6-fache von 3 | | 20 |
| D | 1 weniger als das 8-fache von 3 | | 23 |
| E | 2 mehr als das 0-fache von 3 | | 2 |
| F | 1 weniger als das 5-fache von 3 | | 14 |
| G | 2 mehr als das 2-fache von 3 | | 8 |
| H | 1 weniger als das 7-fache von 3 | | 20 |
| I | 2 mehr als das 10-fache von 3 | | 32 |
| J | 1 weniger als das 3-fache von 3 | | 8 |
| K | 2 mehr als das 9-fache von 3 | | 29 |
| L | 1 weniger als das 6-fache von 3 | | 17 |

   ★

Dein Name: ____________________

## Anspruchsvolle Aufgaben zum 1 x 1 der 4

Schreibe die Lösungszahl in das freie Feld neben der Aufgabe!

Diesen Kontrollabschnitt vor dem Bearbeiten des Blattes nach hinten knicken oder abschneiden.

| | Aufgabe | Lösung | Kontrolle |
|---|---|---|---|
| A |  2 mehr als das 2-fache von 4 |  10 | 10 |
| B | 1 weniger als das 9-fache von 4 |  | 35 |
| C | 2 mehr als das 3-fache von 4 |  | 14 |
| D | 1 weniger als das 1-fache von 4 |  | 3 |
| E | 2 mehr als das 8-fache von 4 | 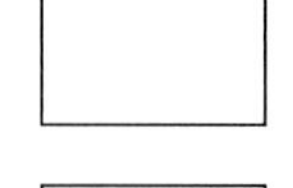 | 34 |
| F | 1 weniger als das 4-fache von 4 |  | 15 |
| G | 2 mehr als das 0-fache von 4 |  | 2 |
| H | 1 weniger als das 6-fache von 4 |  | 23 |
| I | 2 mehr als das 10-fache von 4 |  | 42 |
| J | 1 weniger als das 7-fache von 4 |  | 27 |
| K | 2 mehr als das 5-fache von 4 |  | 22 |
| L | 1 weniger als das 3-fache von 4 |  | 11 |

KOHL VERLAG Sinnerfassend lesen & rechnen Multiplikation im kleinen 1 x 1 – Bestell-Nr. 13 140

Dein Name: ____________________

# Anspruchsvolle Aufgaben zum 1 x 1 der 4

Schreibe die Lösungszahl in das freie Feld neben der Aufgabe!

Diesen Kontrollabschnitt vor dem Bearbeiten des Blattes nach hinten knicken oder abschneiden.

| | Aufgabe | Lösung | Kontrolle |
|---|---|---|---|
| A | 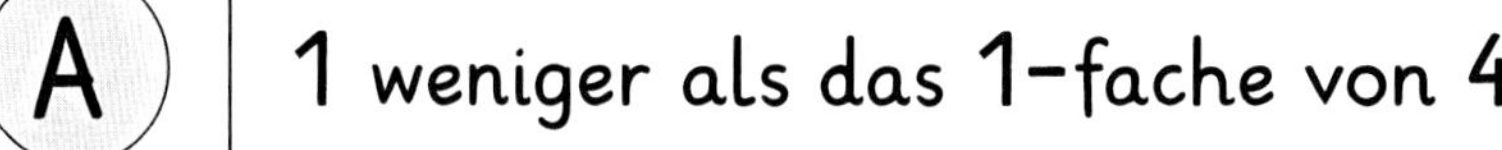 1 weniger als das 1-fache von 4 |  3 | 3 |
| B | 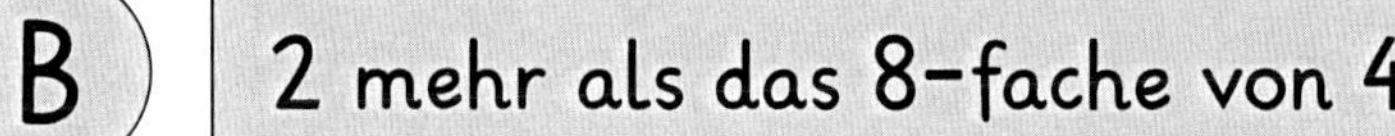 2 mehr als das 8-fache von 4 |  | 34 |
| C | 1 weniger als das 4-fache von 4 |  | 15 |
| D | 2 mehr als das 0-fache von 4 |  | 2 |
| E | 1 weniger als das 6-fache von 4 |  | 23 |
| F | 2 mehr als das 10-fache von 4 |  | 42 |
| G | 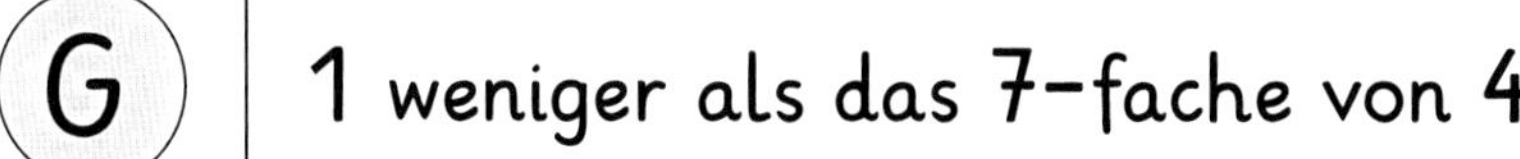 1 weniger als das 7-fache von 4 |  | 27 |
| H | 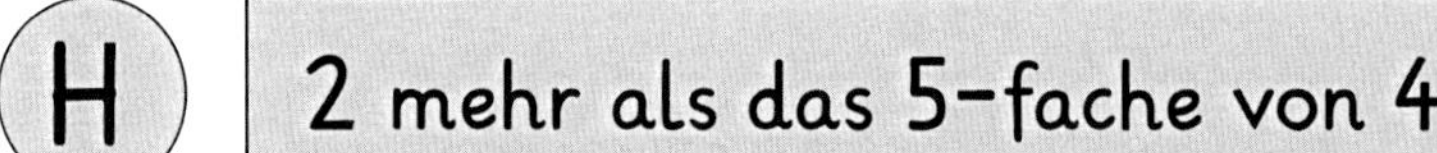 2 mehr als das 5-fache von 4 |  | 22 |
| I |  1 weniger als das 2-fache von 4 |  | 7 |
| J | 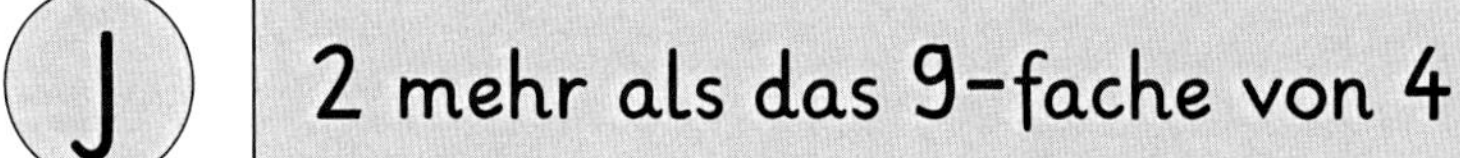 2 mehr als das 9-fache von 4 |  | 38 |
| K |  1 weniger als das 3-fache von 4 |  | 11 |
| L | 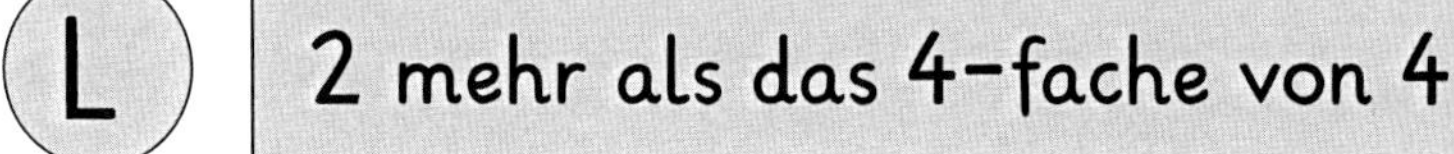 2 mehr als das 4-fache von 4 |  | 18 |

Dein Name: ______________________________

# Anspruchsvolle Aufgaben zum 1 x 1 der 5

Schreibe die Lösungszahl in das freie Feld neben der Aufgabe!

Diesen Kontrollabschnitt vor dem Bearbeiten des Blattes nach hinten knicken oder abschneiden.

| | Aufgabe | Lösung | Kontrolle |
|---|---|---|---|
| 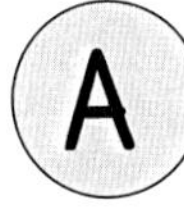 A | 2 mehr als das 5-fache von 5 |  27 | 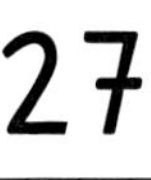 27 |
|  B | 1 weniger als das 7-fache von 5 |  |  34 |
|  C | 2 mehr als das 10-fache von 5 |  | 52 |
|  D | 1 weniger als das 6-fache von 5 |  |  29 |
|  E | 2 mehr als das 0-fache von 5 |  |  2 |
|  F | 1 weniger als das 4-fache von 5 |  |  19 |
|  G | 2 mehr als das 8-fache von 5 |  |  42 |
|  H | 1 weniger als das 1-fache von 5 |  |  4 |
|  I | 2 mehr als das 3-fache von 5 |  |  17 |
|  J | 1 weniger als das 9-fache von 5 |  | 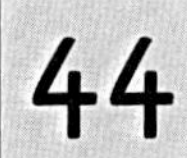 44 |
|  K | 2 mehr als das 2-fache von 5 |  |  12 |
|  L | 1 weniger als das 10-fache von 5 |  | 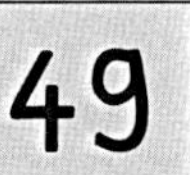 49 |

Dein Name: ____________________________

Diesen Kontrollabschnitt vor dem Bearbeiten des Blattes nach hinten knicken oder abschneiden.

## Anspruchsvolle Aufgaben zum 1 x 1 der 5

Schreibe die Lösungszahl in das freie Feld neben der Aufgabe!

| | Aufgabe | Lösung | Kontrolle |
|---|---|---|---|
| A |  1 weniger als das 6-fache von 5 |  29 | 29 |
| B | 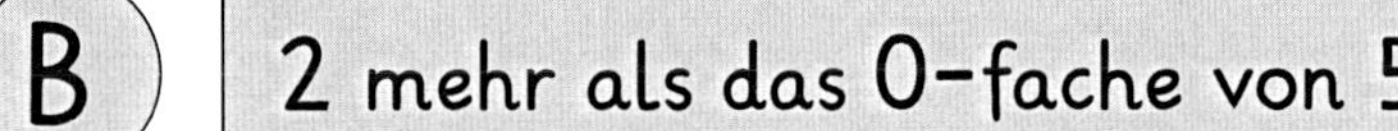 2 mehr als das 0-fache von 5 |  | 2 |
| C | 1 weniger als das 4-fache von 5 |  | 19 |
| D | 2 mehr als das 8-fache von 5 |  | 42 |
| E | 1 weniger als das 1-fache von 5 | 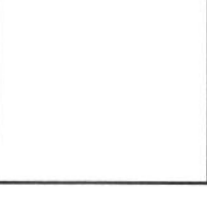 | 4 |
| F | 2 mehr als das 3-fache von 5 |  | 17 |
| G | 1 weniger als das 9-fache von 5 |  | 44 |
| H | 2 mehr als das 2-fache von 5 |  | 12 |
| I | 1 weniger als das 5-fache von 5 |  | 24 |
| J | 2 mehr als das 7-fache von 5 |  | 37 |
| K | 1 weniger als das 10-fache von 5 | 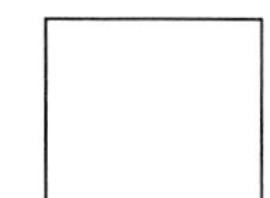 | 49 |
| L | 2 mehr als das 4-fache von 5 |  | 22 |

KOHL VERLAG
Sinnerfassend lesen & rechnen
Multiplikation im kleinen 1 x 1 – Bestell-Nr. 13 140

Dein Name: ______________________________

## Anspruchsvolle Aufgaben zum 1 x 1 der 6

Schreibe die Lösungszahl in das freie Feld neben der Aufgabe!

Diesen Kontrollabschnitt vor dem Bearbeiten des Blattes nach hinten knicken oder abschneiden.

| | Aufgabe | Lösungsfeld | Kontrolle |
|---|---|---|---|
| 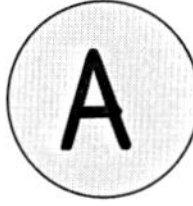 A | 2 mehr als das 3-fache von 6 |  20 | 20 |
|  B | 1 weniger als das 6-fache von 6 |  | 35 |
|  C | 2 mehr als das 0-fache von 6 |  | 2 |
| D | 1 weniger als das 10-fache von 6 |  | 59 |
|  E | 2 mehr als das 4-fache von 6 |  | 26 |
|  F | 1 weniger als das 7-fache von 6 |  | 41 |
|  G | 2 mehr als das 1-fache von 6 |  | 8 |
|  H | 1 weniger als das 8-fache von 6 |  | 47 |
|  I | 2 mehr als das 5-fache von 6 |  | 32 |
|  J | 1 weniger als das 2-fache von 6 |  | 11 |
|  K | 2 mehr als das 9-fache von 6 | 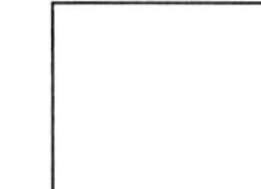 | 56 |
|  L | 1 weniger als das 4-fache von 6 |  | 23 |

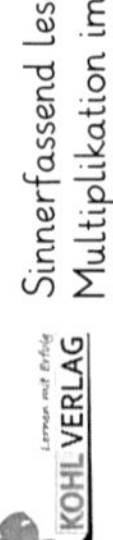

Dein Name: ____________________

## Anspruchsvolle Aufgaben zum 1 x 1 der 6

Schreibe die Lösungszahl in das freie Feld neben der Aufgabe!

Diesen Kontrollabschnitt vor dem Bearbeiten des Blattes nach hinten knicken oder abschneiden.

| | Aufgabe | Lösung | Kontrolle |
|---|---|---|---|
| 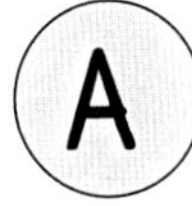 A | 2 mehr als das 10-fache von 6 |  62 |  62 |
|  B | 1 weniger als das 4-fache von 6 |  | 23 |
| C | 2 mehr als das 7-fache von 6 | | 44 |
| D | 1 weniger als das 1-fache von 6 |  | 5 |
| E | 2 mehr als das 8-fache von 6 |  | 50 |
| F | 1 weniger als das 5-fache von 6 |  | 29 |
| G | 2 mehr als das 2-fache von 6 |  | 14 |
| H | 1 weniger als das 9-fache von 6 |  | 53 |
| I | 2 mehr als das 3-fache von 6 |  | 20 |
| J | 1 weniger als das 6-fache von 6 |  | 35 |
| K | 2 mehr als das 0-fache von 6 |  | 2 |
| L | 1 weniger als das 7-fache von 6 |  | 41 |

Sinnerfassend lesen & rechnen Multiplikation im kleinen 1 x 1 – Bestell-Nr. 13 140
KOHL VERLAG

Dein Name: ______________________________

## Anspruchsvolle Aufgaben zum 1 x 1 der 7

Schreibe die Lösungszahl in das freie Feld neben der Aufgabe!

Diesen Kontrollabschnitt vor dem Bearbeiten des Blattes nach hinten knicken oder abschneiden.

| | Aufgabe | Lösung | Kontrolle |
|---|---|---|---|
| 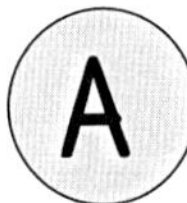 A | 2 mehr als das 4-fache von 7 |  30 | 30 |
|  B | 1 weniger als das 1-fache von 7 |  | 6 |
|  C | 2 mehr als das 6-fache von 7 |  | 44 |
| D | 1 weniger als das 8-fache von 7 |  | 55 |
| E | 2 mehr als das 0-fache von 7 | 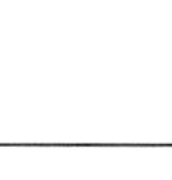 | 2 |
| F | 1 weniger als das 5-fache von 7 |  | 34 |
| G | 2 mehr als das 2-fache von 7 | 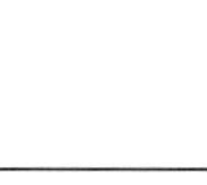 | 16 |
| H | 1 weniger als das 7-fache von 7 |  | 48 |
| I | 2 mehr als das 10-fache von 7 |  | 72 |
| J | 1 weniger als das 3-fache von 7 |  | 20 |
| K | 2 mehr als das 9-fache von 7 | 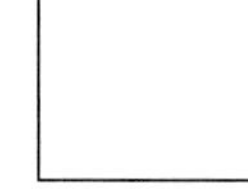 | 65 |
|  L | 1 weniger als das 6-fache von 7 |  | 41 |

  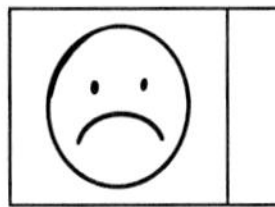 

KOHL VERLAG
Sinnerfassend lesen & rechnen
Multiplikation im kleinen 1 x 1 – Bestell-Nr. 13 140

Dein Name: ______________________________

## Anspruchsvolle Aufgaben zum 1 x 1 der 7

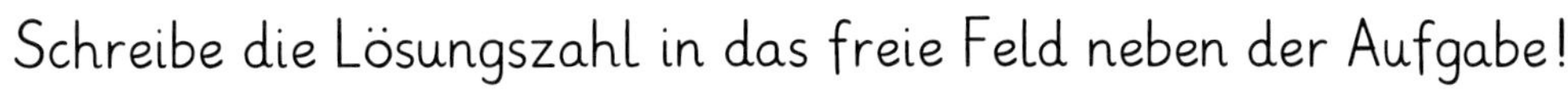

Schreibe die Lösungszahl in das freie Feld neben der Aufgabe!

Diesen Kontrollabschnitt vor dem Bearbeiten des Blattes nach hinten knicken oder abschneiden.

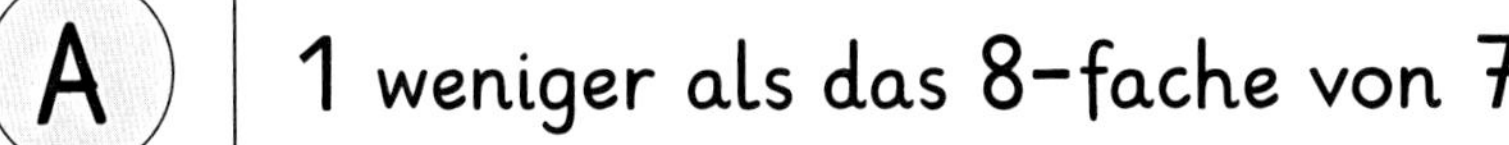

| | Aufgabe | Lösung | Kontrolle |
|---|---|---|---|
| A | 1 weniger als das 8-fache von 7 |  55 | 55 |
| B | 2 mehr als das 0-fache von 7 |  | 2 |
| C | 1 weniger als das 5-fache von 7 | 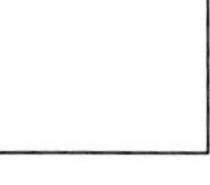 | 34 |
| D | 2 mehr als das 2-fache von 7 |  | 16 |
| E | 1 weniger als das 7-fache von 7 |  | 48 |
| F | 2 mehr als das 10-fache von 7 |  | 72 |
| G | 1 weniger als das 3-fache von 7 |  | 20 |
| H | 2 mehr als das 9-fache von 7 |  | 65 |
| I | 1 weniger als das 4-fache von 7 |  | 27 |
| J | 2 mehr als das 1-fache von 7 |  | 9 |
| K | 1 weniger als das 6-fache von 7 |  | 41 |
| L | 2 mehr als das 5-fache von 7 |  | 37 |

★

KOHL VERLAG Sinnerfassend lesen & rechnen Multiplikation im kleinen 1 x 1 – Bestell-Nr. 13 140

Dein Name: ______________________________

## Anspruchsvolle Aufgaben zum 1 x 1 der 8

Schreibe die Lösungszahl in das freie Feld neben der Aufgabe!

Diesen Kontrollabschnitt vor dem Bearbeiten des Blattes nach hinten knicken oder abschneiden.

| | Aufgabe | Lösung | Kontrolle |
|---|---|---|---|
| 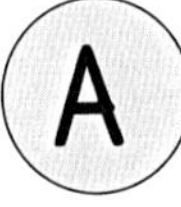 A | 2 mehr als das 2-fache von 8 |  18 |  18 |
|  B | 1 weniger als das 9-fache von 8 |  | 71 |
| C | 2 mehr als das 3-fache von 8 | |  26 |
|  D | 1 weniger als das 1-fache von 8 |  |  7 |
|  E | 2 mehr als das 8-fache von 8 |  |  66 |
|  F | 1 weniger als das 4-fache von 8 |  |  31 |
|  G | 2 mehr als das 0-fache von 8 |  |  2 |
|  H | 1 weniger als das 6-fache von 8 |  | 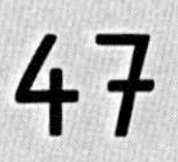 47 |
|  I | 2 mehr als das 10-fache von 8 |  |  82 |
|  J | 1 weniger als das 7-fache von 8 |  |  55 |
|  K | 2 mehr als das 5-fache von 8 |  |  42 |
|  L | 1 weniger als das 3-fache von 8 |  |  23 |

    ★

Dein Name: ______________________________

# Anspruchsvolle Aufgaben zum 1 x 1 der 8

Schreibe die Lösungszahl in das freie Feld neben der Aufgabe!

Diesen Kontrollabschnitt vor dem Bearbeiten des Blattes nach hinten knicken oder abschneiden.

| | Aufgabe | Lösung | Kontrolle |
|---|---|---|---|
| A | 1 weniger als das 1-fache von 8 |  7 | 7 |
| B | 2 mehr als das 8-fache von 8 |  | 66 |
| C | 1 weniger als das 4-fache von 8 |  | 31 |
| D | 2 mehr als das 0-fache von 8 |  | 2 |
| E | 1 weniger als das 6-fache von 8 |  | 47 |
| F | 2 mehr als das 10-fache von 8 |  | 82 |
| G | 1 weniger als das 7-fache von 8 |  | 55 |
| H | 2 mehr als das 5-fache von 8 |  | 42 |
| I | 1 weniger als das 2-fache von 8 |  | 15 |
| J | 2 mehr als das 9-fache von 8 |  | 74 |
| K | 1 weniger als das 3-fache von 8 |  | 23 |
|  L | 2 mehr als das 4-fache von 8 |  | 34 |

   ★  

KOHL VERLAG Sinnerfassend lesen & rechnen Multiplikation im kleinen 1 x 1 – Bestell-Nr. 13 140

Dein Name: ______________________

# Anspruchsvolle Aufgaben zum 1 x 1 der 9

Schreibe die Lösungszahl in das freie Feld neben der Aufgabe!

Diesen Kontrollabschnitt vor dem Bearbeiten des Blattes nach hinten knicken oder abschneiden.

| | Aufgabe | Lösung | Kontrolle |
|---|---|---|---|
| A 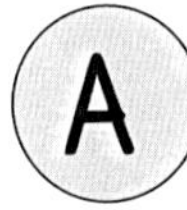 | 2 mehr als das 5-fache von 9 | 47  | 47 |
| B | 1 weniger als das 7-fache von 9 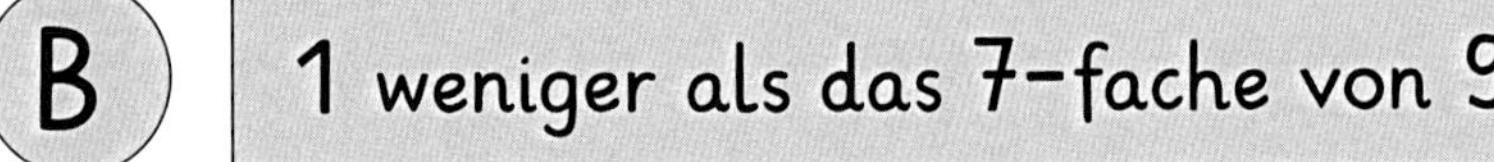 | 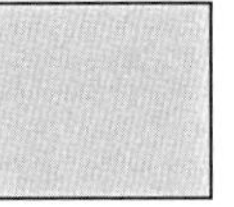 | 62 |
| C | 2 mehr als das 10-fache von 9 |  | 92 |
| D | 1 weniger als das 6-fache von 9 |  | 53 |
| E | 2 mehr als das 0-fache von 9 |  | 2 |
| F | 1 weniger als das 4-fache von 9 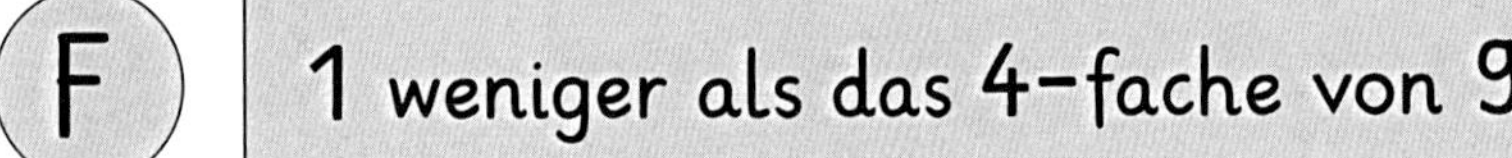 |  | 35 |
| G | 2 mehr als das 8-fache von 9 | 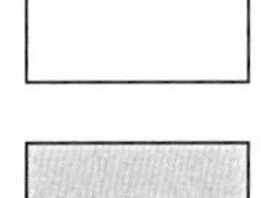 | 74 |
| H | 1 weniger als das 1-fache von 9 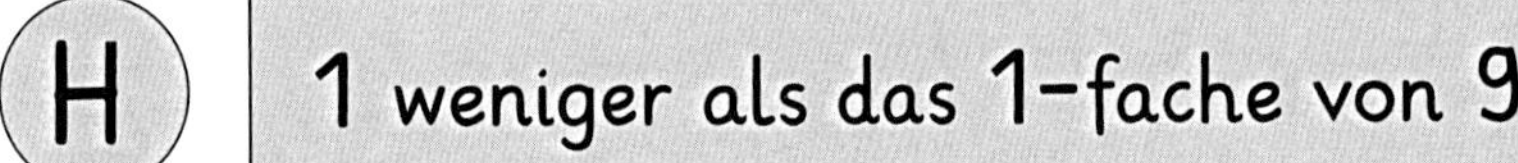 |  | 8 |
| I | 2 mehr als das 3-fache von 9 |  | 29 |
| J | 1 weniger als das 9-fache von 9 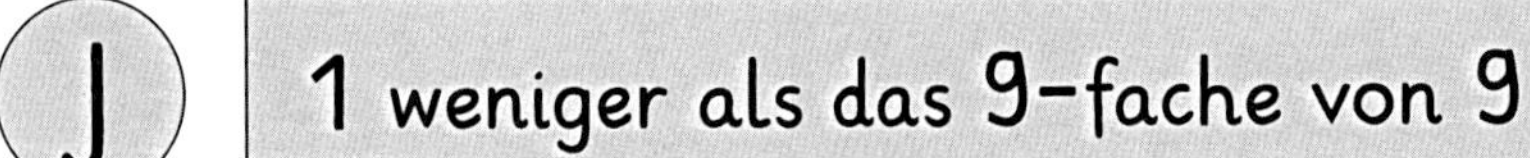 |  | 80 |
| K | 2 mehr als das 2-fache von 9 | 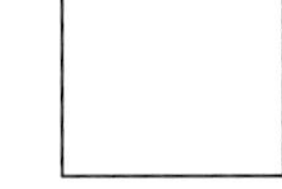 | 20 |
| L | 1 weniger als das 10-fache von 9 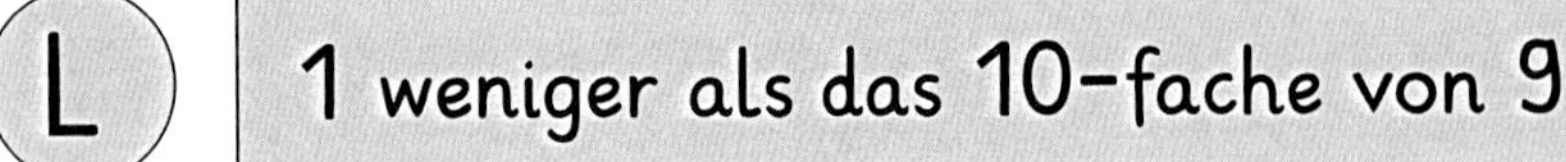 |  | 89 |

Dein Name: ______________________

# Anspruchsvolle Aufgaben zum 1 x 1 der 9

Schreibe die Lösungszahl in das freie Feld neben der Aufgabe!

| | Aufgabe | Lösung | Kontrolle |
|---|---|---|---|
| A | 1 weniger als das 6-fache von 9 | 53 | 53 |
| B | 2 mehr als das 0-fache von 9 | | 2 |
| C | 1 weniger als das 4-fache von 9 | | 35 |
| D | 2 mehr als das 8-fache von 9 | | 74 |
| E | 1 weniger als das 1-fache von 9 | | 8 |
| F | 2 mehr als das 3-fache von 9 | | 29 |
| G | 1 weniger als das 9-fache von 9 | | 80 |
| H | 2 mehr als das 2-fache von 9 | | 20 |
| I | 1 weniger als das 5-fache von 9 | | 44 |
| J | 2 mehr als das 7-fache von 9 | | 65 |
| K | 1 weniger als das 10-fache von 9 | | 89 |
| L | 2 mehr als das 4-fache von 9 | | 38 |

Diesen Kontrollabschnitt vor dem Bearbeiten des Blattes nach hinten knicken oder abschneiden.

   ★

KOHL VERLAG Sinnerfassend lesen & rechnen Multiplikation im kleinen 1 x 1 – Bestell-Nr. 13 140

Dein Name: ______________________________

## Anspruchsvolle gemischte Aufgaben 1

Schreibe die Lösungszahl in das freie Feld neben der Aufgabe!

Diesen Kontrollabschnitt vor dem Bearbeiten des Blattes nach hinten knicken oder abschneiden.

| | Aufgabe | Lösung | Kontrolle |
|---|---|---|---|
| 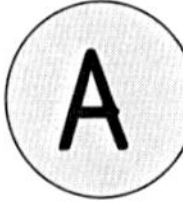 A | 2 mehr als das 3-fache von 4 |  14 |  14 |
|  B | 1 weniger als das 6-fache von 8 |  | 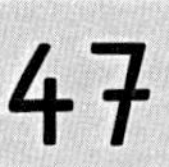 47 |
|  C | 2 mehr als das 8-fache von 4 |  | 34 |
|  D | 1 weniger als das 4-fache von 5 |  | 19 |
|  E | 2 mehr als das 7-fache von 9 |  | 65 |
|  F | 1 weniger als das 5-fache von 6 |  | 29 |
|  G | 2 mehr als das 3-fache von 5 |  |  17 |
| 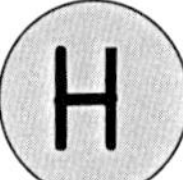 H | 1 weniger als das 6-fache von 7 |  | 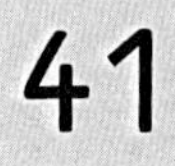 41 |
|  I | 2 mehr als das 8-fache von 9 |  |  74 |
|  J | 1 weniger als das 4-fache von 6 |  |  23 |
|  K | 2 mehr als das 7-fache von 8 | 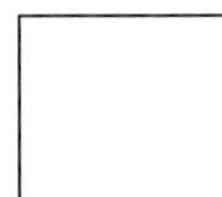 |  58 |
|  L | 1 weniger als das 5-fache von 7 |  | 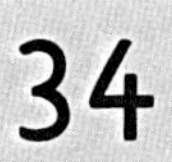 34 |

    ★

Dein Name: ______________________________

## Anspruchsvolle gemischte Aufgaben 2

Schreibe die Lösungszahl in das freie Feld neben der Aufgabe!

| | Aufgabe | Lösung | Kontrolle |
|---|---|---|---|
| A | 2 mehr als das 5-fache von 4 | 22 | 22 |
| B | 1 weniger als das 9-fache von 7 | | 62 |
| C | 2 mehr als das 6-fache von 5 | | 32 |
| D | 1 weniger als das 5-fache von 3 | | 14 |
| E | 2 mehr als das 7-fache von 6 | | 44 |
| F | 1 weniger als das 9-fache von 8 | | 71 |
| G | 2 mehr als das 6-fache von 4 | | 26 |
| H | 1 weniger als das 8-fache von 7 | | 55 |
| I | 2 mehr als das 7-fache von 5 | | 37 |
| J | 1 weniger als das 4-fache von 3 | | 11 |
| K | 2 mehr als das 8-fache von 6 | | 50 |
| L | 1 weniger als das 4-fache von 8 |  | 31 |

Diesen Kontrollabschnitt vor dem Bearbeiten des Blattes nach hinten knicken oder abschneiden.

Dein Name: ______________________________

## Anspruchsvolle gemischte Aufgaben 3

Schreibe die Lösungszahl in das freie Feld neben der Aufgabe!

Diesen Kontrollabschnitt vor dem Bearbeiten des Blattes nach hinten knicken oder abschneiden.

| | Aufgabe | Lösung | Kontrolle |
|---|---|---|---|
| 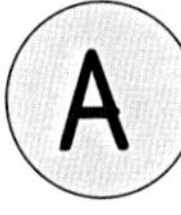 A | 2 mehr als das 6-fache von 4 |  26 | 26 |
|  B | 1 weniger als das 8-fache von 7 |  |  55 |
|  C | 2 mehr als das 7-fache von 5 |  | 37 |
|  D | 1 weniger als das 4-fache von 3 |  |  11 |
| E | 2 mehr als das 8-fache von 6 |  | 50 |
|  F | 1 weniger als das 4-fache von 8 |  |  31 |
|  G | 2 mehr als das 5-fache von 4 |  | 22 |
| 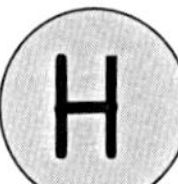 H | 1 weniger als das 9-fache von 7 |  |  62 |
|  I | 2 mehr als das 6-fache von 5 |  | 32 |
|  J | 1 weniger als das 5-fache von 3 |  |  14 |
|  K | 2 mehr als das 7-fache von 6 | 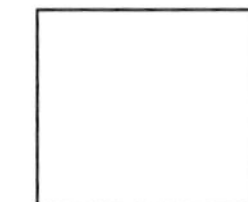 | 44 |
|  L | 1 weniger als das 9-fache von 8 | 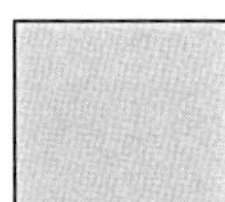 | 71 |

KOHL VERLAG

Dein Name: ____________________

## Anspruchsvolle gemischte Aufgaben 4

Schreibe die Lösungszahl in das freie Feld neben der Aufgabe!

| | Aufgabe | Lösung | Kontrolle |
|---|---|---|---|
| A | 2 mehr als das 7-fache von 4 |  30 | 30 |
| B | 1 weniger als das 6-fache von 7 | | 41 |
| C | 2 mehr als das 9-fache von 5 | 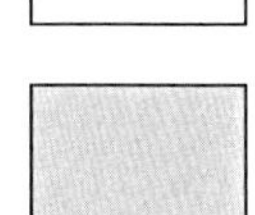 | 47 |
| D | 1 weniger als das 8-fache von 3 |  | 23 |
| E | 2 mehr als das 8-fache von 6 |  | 50 |
| F | 1 weniger als das 5-fache von 8 | 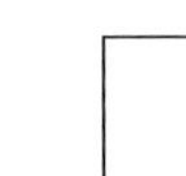 | 39 |
| G | 2 mehr als das 9-fache von 4 |  | 38 |
| H | 1 weniger als das 7-fache von 9 |  | 62 |
| I | 2 mehr als das 0-fache von 5 |  | 2 |
| J | 1 weniger als das 10-fache von 9 |  | 89 |
| K | 2 mehr als das 6-fache von 7 |  | 44 |
| L | 1 weniger als das 8-fache von 9 |  | 71 |

Diesen Kontrollabschnitt vor dem Bearbeiten des Blattes nach hinten knicken oder abschneiden.

   ★ 

Dein Name: ____________________

## Anspruchsvolle gemischte Aufgaben 5

Schreibe die Lösungszahl in das freie Feld neben der Aufgabe!

Diesen Kontrollabschnitt vor dem Bearbeiten des Blattes nach hinten knicken oder abschneiden.

| | Aufgabe | Lösung | Kontrolle |
|---|---|---|---|
| 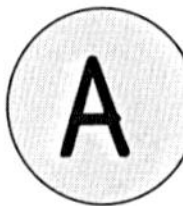 A | 2 mehr als das 4-fache von 7 |  30 | 30 |
|  B | 1 weniger als das 8-fache von 4 |  | 31 |
|  C | 2 mehr als das 6-fache von 7 |  | 44 |
|  D | 1 weniger als das 3-fache von 8 |  | 23 |
|  E | 2 mehr als das 7-fache von 3 |  | 23 |
|  F | 1 weniger als das 4-fache von 9 |  | 35 |
|  G | 2 mehr als das 5-fache von 4 |  | 22 |
| 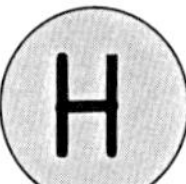 H | 1 weniger als das 8-fache von 6 |  | 47 |
|  I | 2 mehr als das 6-fache von 5 |  | 32 |
|  J | 1 weniger als das 3-fache von 9 |  | 26 |
|  K | 2 mehr als das 7-fache von 5 | 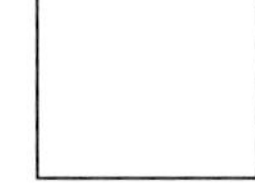 | 37 |
|  L | 1 weniger als das 5-fache von 8 |  | 39 |

    ★

Dein Name: ____________________

# Anspruchsvolle gemischte Aufgaben 6

Schreibe die Lösungszahl in das freie Feld neben der Aufgabe!



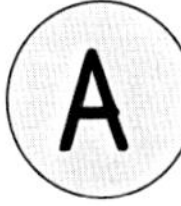 A | 2 mehr als das 8-fache von 3 | 

| 

 B | 1 weniger als das 3-fache von 7 |  | 

 C | 2 mehr als das 9-fache von 4 |  | 38

D | 1 weniger als das 4-fache von 5 |  | 

E | 2 mehr als das 6-fache von 8 |  | 50

 F | 1 weniger als das 5-fache von 6 |  | 29

 G | 2 mehr als das 9-fache von 3 |  | 29

 H | 1 weniger als das 5-fache von 7 |  | 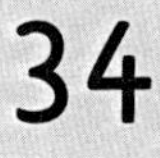

 I | 2 mehr als das 8-fache von 5 |  | 

 J | 1 weniger als das 7-fache von 4 |  | 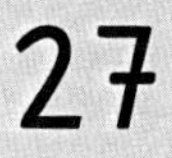

 K | 2 mehr als das 4-fache von 8 |  | 

 L | 1 weniger als das 7-fache von 6 |  | 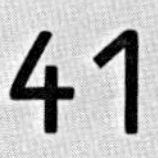

    ★

Dein Name: ______________________________

## Anspruchsvolle gemischte Aufgaben 7

Schreibe die Lösungszahl in das freie Feld neben der Aufgabe!

Diesen Kontrollabschnitt vor dem Bearbeiten des Blattes nach hinten knicken oder abschneiden.

| | Aufgabe | Lösung | Kontrolle |
|---|---|---|---|
| 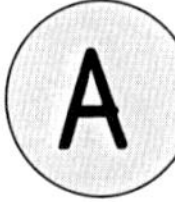 A | 2 mehr als das 9-fache von 3 |  29 | 29 |
|  B | 1 weniger als das 5-fache von 7 |  | 34 |
|  C | 2 mehr als das 8-fache von 5 |  | 42 |
|  D | 1 weniger als das 7-fache von 4 |  | 27 |
|  E | 2 mehr als das 4-fache von 8 |  | 34 |
|  F | 1 weniger als das 7-fache von 6 |  | 41 |
|  G | 2 mehr als das 8-fache von 3 |  | 26 |
| 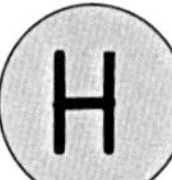 H | 1 weniger als das 3-fache von 7 |  | 20 |
|  I | 2 mehr als das 9-fache von 4 |  | 38 |
|  J | 1 weniger als das 4-fache von 5 |  | 19 |
|  K | 2 mehr als das 6-fache von 8 | 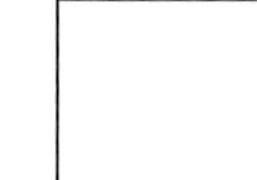 | 50 |
|  L | 1 weniger als das 5-fache von 6 |  | 29 |

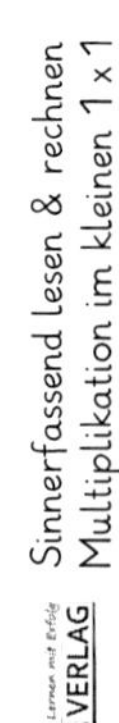

Dein Name: ________________________________

## Anspruchsvolle gemischte Aufgaben 8

Schreibe die Lösungszahl in das freie Feld neben der Aufgabe!

Diesen Kontrollabschnitt vor dem Bearbeiten des Blattes nach hinten knicken oder abschneiden.

| | Aufgabe | Lösung | Kontrolle |
|---|---|---|---|
| A | 2 mehr als das 8-fache von 6 | 50 | 50 |
| B | 1 weniger als das 5-fache von 9 | | 44 |
| C | 2 mehr als das 7-fache von 5 | | 37 |
| D | 1 weniger als das 8-fache von 7 | | 55 |
| E | 2 mehr als das 3-fache von 9 | | 29 |
| F | 1 weniger als das 6-fache von 7 | | 41 |
| G | 2 mehr als das 8-fache von 8 | | 66 |
| H | 1 weniger als das 6-fache von 9 | | 53 |
| I | 2 mehr als das 9-fache von 4 | | 38 |
| J | 1 weniger als das 10-fache von 4 | | 39 |
| K | 2 mehr als das 6-fache von 6 | | 38 |
| L | 1 weniger als das 2-fache von 9 | | 17 |

   ★

Sinnerfassend lesen & rechnen
Multiplikation im kleinen 1 x 1 – Bestell-Nr. 13 140
KOHL VERLAG

Klasse 1 2 3 4

**Mathematik**

*Moritz Quast & Tim Schrödel*

### Das 1x1-Mathe-Labyrinth

**Spannendes Knobeln für Schlaumeier!**

*80 Labyrinthe zum kleinen und großen Einmaleins jeweils in DIN-A5-Größe, die durch Geschicklichkeit und Konzentration gelöst werden können. So wird das große und das kleine Einmaleins spielerisch verinnerlicht und gefestigt. Bei richtiger Lösung ergibt sich aus dem Weg durchs Labyrinth ein Lösungswort.*

64 S. | 11 325 | ab 14,49 € | FÖ PDF plus | 3 4

*Michael Junga*

### Effektives 1x1-Training

**... mit Rechenmandalas**

*Die mathematische Denk- & Kombinationsmöglichkeit sowie allgemeines Konzentrationsvermögen werden gefördert. Die Ergebnisse werden aufgeschrieben und mittels grafischem Kontrollsystem auf Fehler überprüft. Dies bietet universelle Einsatzmöglichkeiten als interessante Hausaufgabe. Zeitausgleich für schnellere Kinder beim Stationenlernen oder für den Wochenplan.*

40 S. | 11 395 | ab 12,49 € | FÖ | 2 3 4

## Bildungsstandards

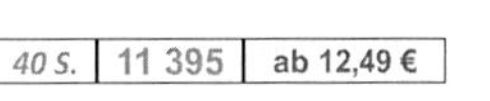

*Sabine Hauke*

### Wochenplan Fit für Klasse Fünf!

*Viertklässler sollten regelmäßig üben können, damit sie den Übergang zur weiterführenden Schule leichter meistern können. Hierfür eigenen sich besonders die Wochenpläne. Jede Woche ist in 5 Einheiten (Mo-Fr) untergliedert. Jede Einheit wiederholt und schult mathematische Grundlagen, die am Ende der Grundschulzeit beherrscht werden sollten. Die Kopiervorlagen enthalten Übungen zu den Grundrechenarten und zum Zahlenraumverständnis.*

84 S. | 12 481 | ab 17,49 € | 4

*Armin Weinfurter*

### Fit für Klasse Fünf! MATHEMATIK

**Trainer für den Übertritt in die weiterführende Schule**

*Der Übertrittstrainer eignet sich sehr gut, den behandelten Lernstoff zu wiederholen und zu festigen. Hierzu zählt z.B. lesen, schreiben, vergleichen, runden und ordnen von großen Zahlen, Kopfrechnen, schriftliche Rechenverfahren, Sachaufgaben, Geometrie u.v.m..*

76 Seiten | 10 993 | ab 16,49 € | FÖ PDF plus | 4

*Birgit Brandenburg*

### Bildungsstandard Mathe

**Was 10-Jährige wissen & können sollten!**

*32 Tests zu allen wichtigen Themen. Die Aufgaben können weitgehend selbstständig bearbeitet werden. Anhand der Ergebnisse lässt sich gezielt feststellen, in welchen Bereichen der betreffende Schüler noch Defizite vorweist, um ihn dort anschließend gezielt fördern zu können.*

48 Seiten | 10 757 | ab 11,99 € | PDF plus | 4

*Andrea Schinhärl*

### Lernzielkontrollen Mathe

*Die Kopiervorlagen sind ideal geeignet zur Vorbereitung, Wiederholung und Vertiefung oder zum intensiven Üben. Es lassen sich auch leicht individuell zusammengestellte Arbeitsblätter gestalten. Mit grundlegenden mathematischen Infos und Lösungen zur Selbstkontrolle.*

| Klasse 3 | 11 468 | je 72 Seiten |
|---|---|---|
| Klasse 4 | 11 475 | ab 15,99 € |

3 4

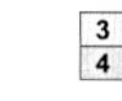

## Stationenlernen

*Hans-J. Schmidt*

### Stationenlernen Mathematik

*Verschiedene Stationen ermöglichen jedem Schüler ein eigenes individuelles Lerntempo. Die Schüler wählen selbst, wie intensiv sie sich in eine Station einarbeiten. Das Material hält für jede Station Anleitungen und Aufgaben bereit, die ohne großen Aufwand umgesetzt werden. Sie profitieren durch eine hohe Zeitersparnis und Ihre Schüler durch erfolgreiches Lernen mit Spaß!*

| Klasse 2 | 11 878 | |
|---|---|---|
| Klasse 3 | 11 397 | je 80 Seiten |
| Klasse 4 | 11 398 | ab 14,99 € |

2 3 4

*Christiane Zettl*

### Grundrechenarten an Stationen

**Differenzierte Aufgabenkarten zur schnellen Vorbereitung**

*Stationenlernen ist effektiv und motivierend. Die vier Grundrechenarten können so noch einmal in einer anderen Darreichungsform bearbeitet und wiederholt werden. Ständige Wiederholung im individuellen Lerntempo und -niveau festigen das Gelernte und verankern das Wissen langfristig. Ein wichtiger Grundstein für die weiterführenden Schulen.*

48 Seiten | 12 680 | ab 13,49 € | 3 4

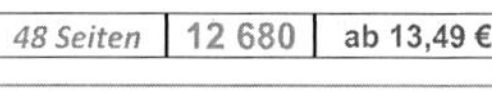
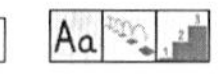
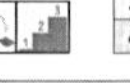

*Petra Hartmann*

### Maßeinheiten an Stationen

**Differenzierte Aufgabenkarten zur schnellen Vorbereitung**

*Stationenlernen ist effektiv und motivierend. Anhand dieser abwechslungsreichen Stationskarten können der richtige Umgang und Einsatz der Maßeinheiten geübt und vertieft werden. Ständige Wiederholung im individuellen Lerntempo und -niveau festigen das Gelernte und verankern das Wissen langfristig. Ein wichtiger Grundstein für die weiterführenden Schulen.*

48 Seiten | 12 681 | ab 13,49 € | 3 4

*Petra Hartmann*

### Textaufgaben an Stationen

**Differenzierte Aufgabenkarten zur schnellen Vorbereitung**

*Differenziert kann sich jeder Schüler von seinem Niveau ausgehend durch immer schwerere Aufgaben arbeiten, ohne Frust. Wenn es doch mal zu schwer aussieht, dann holt man sich eben erst nochmal eine leichtere Karte. Dort gibt es dann mehr oder weniger Hilfe für den Ansatz, der ja für manche das Hauptproblem darstellt. Es gibt Sicherheit, wenn die gesamte Aufgabe übersichtlich auf der Karte zu sehen ist. Der Erfolg motiviert zum Weiterlernen!*

48 Seiten | 12 866 | ab 13,49 € | 3 4

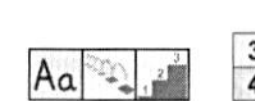
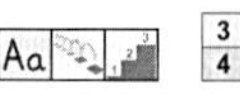

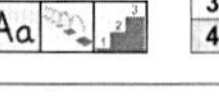

*Hans-J. Schmidt*

### Stationenlernen Geometrie

**Differenzierte Aufgabenkarten zur schnellen Vorbereitung**

*Stationenlernen ist effektiv und motivierend. Das Themengebiet Geometrie der Klassen 3 und 4 wird durch die Aufgabenkarten im DIN-A5-Format mit entsprechenden Lösungskarten bearbeitet und vertieft. Je nach Leistungsvermögen können von den Schülerinnen und Schülern neben den Grundstationen auch Expertenstationen bearbeitet werden. Zahlreiche Tippkarten geben adäquate Hilfestellung.*

80 Seiten | 11 557 | ab 14,99 € | 3 4

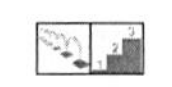